보는 눈이 생기는 교양 미술 수업

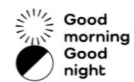

'굿모닝 굿나잇'은 21세기 지식의 새로운 표준을 제시합니다.
이 시리즈는 (재)3·1문화재단과 김영사가 함께 발간합니다.

보는 눈이 생기는 교양 미술 수업

1판 1쇄 인쇄 2025. 6. 23.
1판 1쇄 발행 2025. 6. 30.

지은이 김영나

발행인 박강휘
편집 박민수 | 디자인 정윤수 | 마케팅 이유리 | 홍보 이한솔
발행처 김영사
등록 1979년 5월 17일(제406-2003-036호)
주소 경기도 파주시 문발로 197(문발동) 우편번호 10881
전화 마케팅부 031)955-3100, 편집부 031)955-3200 | 팩스 031)955-3111

ISBN 979-11-7332-272-3 04300
      978-89-349-8910-3 (세트)

홈페이지 www.gimmyoung.com   블로그 blog.naver.com/gybook
인스타그램 instagram.com/gimmyoung   이메일 bestbook@gimmyoung.com

좋은 독자가 좋은 책을 만듭니다.
김영사는 독자 여러분의 의견에 항상 귀 기울이고 있습니다.

이 책에 사용된 도판은 저작권자의 사용 허가를 받았습니다. 부득이하게 저작권자를 확인하지 못한
일부 작품의 경우, 저작권자와 협의해 추후 적절한 절차를 밟겠습니다.

보는 눈이 생기는 교양 미술 수업

ART HISTORY

김영나 지음

김영나 교수의
보는 즐거움, 아는 행복

김영사

3장 세계의 미술

4장 우리 삶 속 미술의 세계

지난 몇십 년 동안 미술은 우리 곁에 훨씬 가까이 자리하게 되었다. 크고 작은 미술 전시장은 작품 앞에서 사진을 찍으며 즐거워하는 관람객들로 붐빈다. 해외 다양한 지역의 문화를 경험하며 마주치는 미술 작품에 대한 감상이 담긴 여행기도 심심치 않게 인터넷을 통해 공유된다. 이렇게 미술을 쉽게 접할 수 있게 되어서일까? 아직도 정치, 경제, 철학이 어려운 것은 당연하지만 미술은 쉽게 이해되어야 한다고 생각하는 사람이 많다. 그런데 또 한편으로는 많은 사람이 현대미술은 난해하다고 여긴다. 이런 반응은 어느 정도 이해할 수 있다. 전문가조차 미술가가 무엇을 생각하고 작품을 창작했는지 파악하기 어려운 경우도 있기 때문이다.

그런데 모든 분야가 시대에 따라 달라지듯이 예술의 개념도 예술가가 살던 당시의 상황과 환경에 따라 변화하게 마련이다. 미술 작품을 보는 시각적 즐거움은 그 작품이 탄생한 시대적 양식과 사회적, 역사적 맥락을 이해하면 몇 배가된다. 하나의 기준만으로 판단하지 않고 많이 보고, 듣고, 읽으면서 그 작품이 탄생한 배경과 맥락을 알면 보이는 것만이 전부가 아니라는 사실을 깨닫게 된다.

미술 감상의 시작은 작품을 보는 안목 키우기다. 그래서이 책의 앞부분에서는 미술을 이해하는 것이 왜 중요한지, 미술품을 감상할 때 기본적으로 알아야 하는 회화, 조각, 건축, 공예의 종류와 기법에는 어떤 것들이 있는지 살펴본다. 더 나아가 미술가의 창의성이 어떻게 탁월한 형식으로 구현되었는지를 설명한다. 그다음에 서양미술사의 흐름뿐 아니라 아시아, 중남미, 아프리카 미술의 시대적 배경과 주요작품들을 간략하게 소개하고 있다. 글로벌 시대를 맞아 우리와 다른 세계, 다양한 지역과 문화에 대한 지식이 필요하고, 시야가 넓어지면서 그동안 몰랐던 것을 발견하면 새로운 감동을 경험하게 된다. 마지막 장은 글로벌한 오늘의 미술 세계를 둘러본다. 또 미술품 수집과 미술관, 그리고 미술

시장의 등장과 발전을 비롯해 미술을 둘러싼 제도와 사회적 의미를 새겨본다.

'굿모닝 굿나잇' 시리즈는 아침부터 밤까지 하루면 다 읽을 수 있는 재미있고 알찬 책을 통해 청소년과 미래 세대에게 유익한 지식과 교양을 전하고자 한다. 젊은 시절에 습득하는 지식은 그 후의 삶과 사고에 큰 영향을 미치기 때문에 중요하다. 커다란 변혁의 시기를 경험하고 있는 젊은이들이 미술과 문화에 대한 폭넓은 시야를 가지기를 기대하는 마음으로 이 책을 썼다. 물론 미술을 하루 만에 다 이해하기는 어렵다. 다만 흥미로운 미술의 세계로 내딛는 첫 문을 연다고 생각하고 읽어주기를 바란다.

미술의 이해

1.
미술이란 무엇인가?

'미술이란 무엇인가?'는 '삶이란 무엇인가?'처럼 답하기 쉽지 않은 문제다. 대개 사람들은 미술이란 보아서 즐겁고 아름답거나 감동을 주는 물리적인 대상들, 즉 그림, 조각, 공예품이라고 대답할 것이다. 다시 말해, 필요해서 만든 물건과 달리 미술 작품은 창의성과 상상력이 남다른 기술로 표현되어 시각적인 반응을 불러일으키는 대상이라는 의미다. 그런데 이것만으로는 충분한 설명이 되지 않는다. 왜냐하면 미술 작품은 형태와 종류가 다양하고, 감상자가 그 아름다움에 감동하기도 하지만 격렬하고 두려운 감정을 느껴 어리둥절해지기도 하기 때문이다.

　미술 작품에 대한 평가도 쉽지 않다. 파블로 피카소가 그린 그림은 어린아이가 그린 그림과 비슷한데, 왜 그는 현대 미술에 한 획을 그은 미술가로 평가받느냐고 질문할 수도 있다. 그러한 반응은 충분히 이해할 수 있다. 하지만 어린아이의 그림이 직관적이고 단순하면서도 자유롭게 보이는 반면, 마구 그린 것처럼 보이는 피카소의 그림은 숙련된 기술과 다양한 기법이 뒷받침되어 기존 미술의 경계를 넘어서는 '예술적 성숙'을 보이며, 감상자에게 생각할 거리를 던져 준다. 이를 알아보고 평가하려면 전문적인 안목, 지식과 경험이 뒷받침되어야 하는데, 이는 배우거나 노력하지 않으면 쉽게 획득되지 않는다.

〈복면가왕〉이라는 TV 프로그램을 예로 들어보자. 복면을 쓴 가수의 노래를 일반인 관람객과 전문가 패널이 평가한다. 일반인 관람객들은 나름대로 의견이 있지만 전문가 패널의 평가를 들으면서 자신이 미처 몰랐던 부분을 알게 되고 '역시 전문가는 다르구나' 하며 고개를 끄덕이게 된다(물론 전문가 패널 사이에서도 의견과 평가가 갈리는 경우가 있다). 마찬가지로 피카소의 명성에 의심을 품었던 사람들도 그의 작품을 자주 접하고 전문 서적을 읽음으로써 작품의 구성, 주제뿐 아니라, 작품의 맥락과 '예술적 성숙'의 의미를 짐작하게 된다. 미술 작품을 한눈에 좋아할 수도, 싫어할 수도 있지만, 아직도 알아야 할 부분이 많다는 것을 깨닫는 지점에서 미술의 이해가 시작된다.

미술은 시대의 변화를 증언하는 시각적 진실

미술가의 독창성이 전문가를 앞서는 경우도 있다. 제임스 M. 휘슬러는 1877년 런던의 그로스베너 갤러리에서 〈검은색과 황금색의 녹턴: 떨어지는 불꽃〉이라는 작품을 전시했다. 이 작품에 그는 테레빈유와 물감을 아주 묽게 섞은 후 화면에 여러 겹 발라 안개가 드리운 것 같은 분위기를 자아내는 새로운 기법을 적용했다. 젖은 화면 위에 물감이 착색되어 빛과 어둠이 교차하는 섬세한 이 그림은 런던 야경의 황홀한 분위기를 느끼게 한다. 이 그림은, 회화란 더 이상 이야기를 보여주거나 사실을 묘사할 필요 없이, 색채와 형태의 추상적 가치 그 자체로 존재한다는 휘슬러의 믿음을 반영한다. 이 개념은 당시 영국에서는 새로운 것이었다. 그러나 이 작품을 본 평론가이자 철학자 존 러스킨의 생각은 달랐다. 그는 이 작품을 어처구니없다고 보았다. 러스킨은 "나는 이 빤질거리는 맵시꾼 같은 화가가 사람들의 얼굴

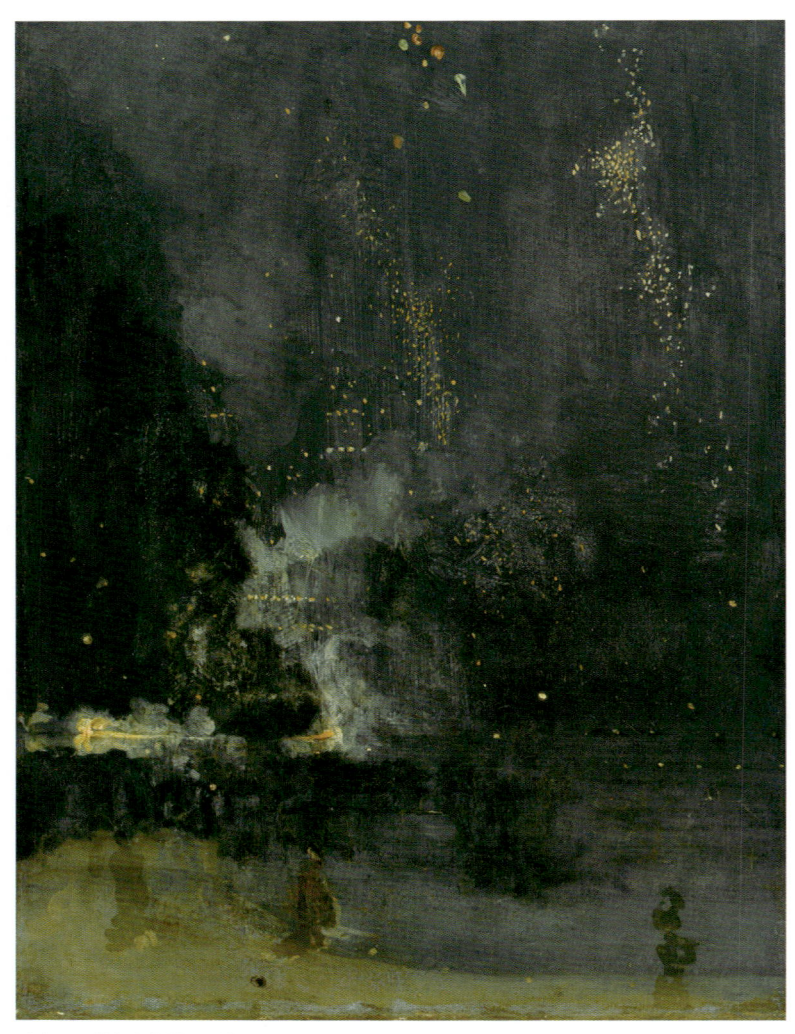

제임스 M. 휘슬러, 〈검은색과 황금색의 녹턴: 떨어지는 불꽃〉, 1875년경

에 물감 냄비를 내던진 것 같은 그림의 가격으로 200기니를 요구하는 일이 있을 수 있다는 것은 생각해본 적이 없다"라는 평을 썼다. 러스킨은 진정한 미술은 자연의 아름다움을 진실하게 표현하는 것이라고 믿었고, 휘슬러의 작품은 그의 기준에 부합하지 않았다.

오늘날 휘슬러의 작품이 높이 평가되는 것을 보면 앞서가는 미술은 전통적인 시각으로는 이해하기 어렵고, 새로운 인식과 해석이 필요하다는 사실을 알게 된다. 미술에 대한 견해와 평가는 시대에 따라 달라질 수 있으며 새로움이 받아들여지기 위해서는 시간이 필요하다. 이것은 다른 분야에서도 마찬가지다. 피카소의 미술이 그림을 보는 관습을 바꿔놓은 것처럼 지크문트 프로이트, 알베르트 아인슈타인, 스티브 잡스도 그들의 분야에서 새로운 패러다임을 만들어내면서 혁신을 이루었다. 그리고 그들의 전문적인 업적을 제대로 이해하기 위해서는 그 분야에 대한 상당한 지식이 필요하다. 미술도 제대로 된 평가를 하려면 관람자나 전문가도 시대의 조류를 읽는 안목과 지식을 갖춰야 한다.

미술을 좀 더 포괄적으로 정의하면 '우리의 경험을 확대하고 선명하게 만들며, 과거를 이해하고, 그 연장선상에서 시대의 변화를 새롭게 인식하게 하는 시각적인 진실이며 증언'이라고 할 수 있다. 문자나 악보가 나오기 전의 문학이나 음악은 남아 있는 당시의 기록이 없지만, 미술은 최초의 인류가 남긴 그림 그대로를 구석기 시대의 동굴벽화에서 생생하게 볼 수 있다. 동굴벽화뿐 아니라 고전적 절제미를 보이는 그리스 파르테논 신전의 건축이나 조각, 그리고 격렬하고 복잡하게 구성된 피카소의 〈게르니카〉도 그 시대를 경험하게 한다. 미술에 시각적인 감동을 넘어 풍부한 역사적 의미와 지적 깊이가 있다는 사실을 알게 되면 그 즐거움은 배가된다.

2.
미술가는 누구인가?

미술 작품을 제작하는 미술가는 누구인가? 기원전 1만 5000년경 그려진 것으로 추정되는 스페인 알타미라의 구석기 동굴벽화에서 수많은 동물 이미지 속에서 사람 손가락 형태의 그림이 발견된다. 색깔 있는 돌을 빻아 속이 빈 뼛속에 넣은 다음, 벽에다 손을 대고 입으로 불어 손가락의 윤곽을 남긴 것으로 추측된다. 이 구석기인은 마치 현대 화가가 작품에 서명하는 것처럼 자신이 동물 그리기에 참여했다는 흔적을 남기고 싶어 했던 것 같다.

국립중앙박물관에 전시된 높이 11.8센티미터의 작은 조개 가면에서도 비슷한 흔적을 찾을 수 있다. 부산 지역의 패총에서 발굴된 이 조개는 신석기 시대의 유물로 보이는데,

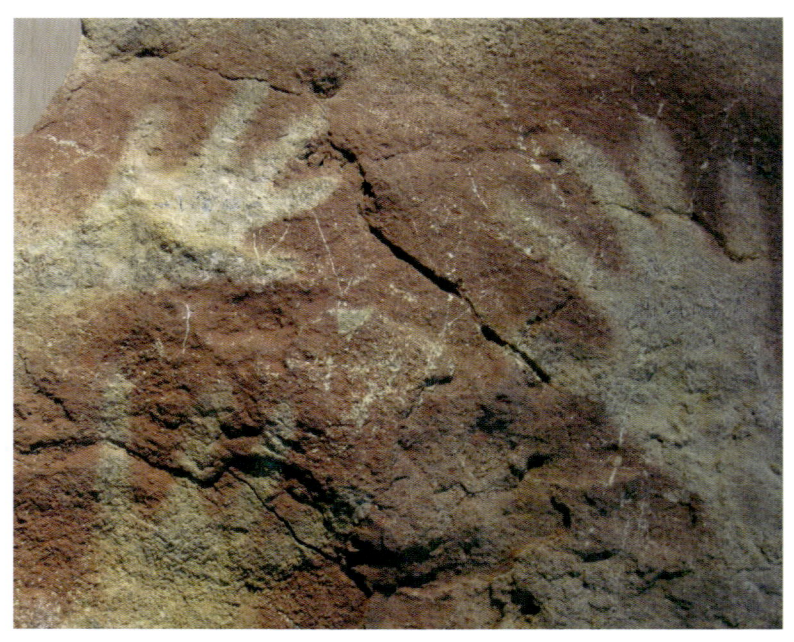

〈알타미라 동굴 벽화〉, 기원전 1만 5000년경(구석기 시대), 스페인 북부

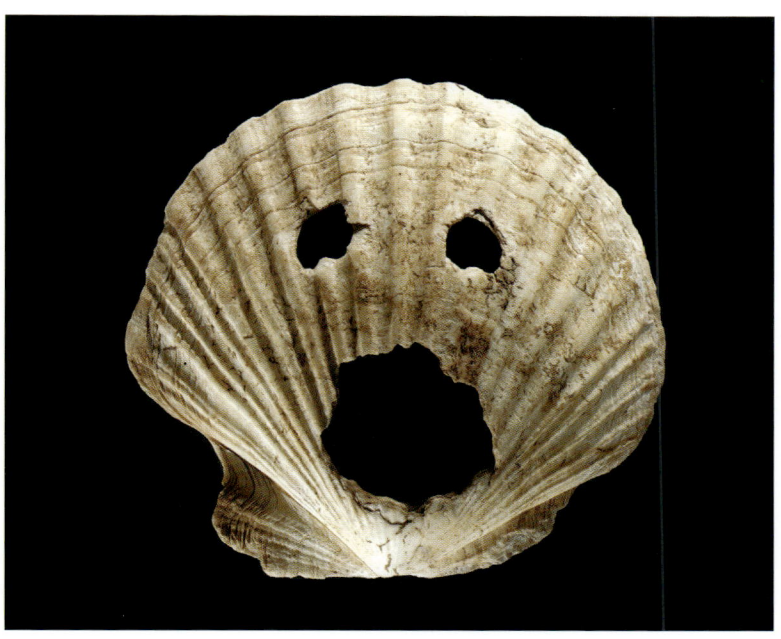

〈조개 가면〉, 기원전 2500~기원전 2000년 추정(신석기 시대), 부산 동삼동 패총 출토

위에 두 개의 작은 구멍을, 아래에는 조금 더 큰 구멍을 뚫어 마치 눈과 입이 있는 사람의 얼굴을 나타내는 것처럼 보인다. 이 신석기인은 둥근 조개를 보고 사람의 얼굴을 연상했고, 자신에게 익숙한 얼굴 이미지를 만들어냈다. 그는 무언가 만들어내고 싶은 욕구가 있었고 자신이 떠올린 생각을 독창적으로 실행할 만한 손재주가 있었다. 이 이름을 알 수 없는 신석기 시대 사람은 어쩌면 한국 최초의 미술가였다고도 할 수 있다. 미술가는 이렇게 자신이 표현하고자 하는 아이디어를 시각적으로 구현할 수 있는 능력이 있는 사람을 말한다.

미술가를 둘러싼 고정관념

일반인에게 각인된 미술가의 이미지는 네덜란드 화가 빈센트 반 고흐처럼 세상의 인정을 받지 못하고 고독과 고통 속에서 죽은 화가들이다. 가난 속에서도 순수한 열정을 품은 미술가라는 신화는 낭만적이기조차 하다. 물론 아직도 그런 미술가들이 있을 수 있지만, 사실 미술가의 제작 환경과 인식이 달라지기 시작한 것은 르네상스 이후부터였다. 르네상스 이전까지 미술가들은 단지 손재주가 있는 장인으로 여겨졌다. 그러므로 자신의 가문에서 미술가가 나온다는 것은 그다지 자랑스러운 일이 아니었다. 그러나 르네상스 시기에 미켈란젤로나 레오나르도 다빈치 같은 천재적인 미술가들이 인문학자들이나 군주들과 교류하고 문학, 역사, 해부학 등을 교육과정의 하나로 배우면서 이들의 사회적 위상은 장인에서 창조적인 예술가로 격상되었다. 미술 작품과 미술가에 대한 글이 적극적으로 생산되고 기록되기 시작한 것도 이때부터였다.

이후 미술가들은 국가나 교회의 후원을 받거나 부유한 개인에게서 작품 의뢰를 받으면서 창작 활동을 하게 되었다. 17세기부터는 여러 미술가의 작품을 모아 공공장소에서 전시하는 제도가 생기면서 '관람객'이 탄생했다. 20세기 이후 모더니스트 미술가들은 자신들을 새로운 시대의 엘리트이자 개혁가로 보았고, 과학기술이 제공하는 재료와 매체를 사용해 독자적인 표현과 실험 정신으로 인류의 환경을 새롭게 창조하려 했다. 문화 향유층이 확대되고 다변화하는 오늘날에는 세상을 대하는 미술가의 자세에서도 변화가 보인다. 미술가들은 사회적, 경제적으로 성공하기 위해 화랑, 미술관에서 좋은 평가를 받아야 하고, 그 위치를 유지하기 위해 미술 시장의 요구에 따라 타협하기도 한다. 또 기업의 후원을 받거나 정부의 지원을 받는 프로젝트에 선정되기 위해 적극적으로 교섭을 벌이는 미술가들도 있다.

미술가에 대한 정의 역시 시대에 따라 달라진다. 현대미술에서 과거에 중요했던 미美의 구현이나 기술보다는 아이디어가 중요해지면서 정식으로 미술학교를 나오지 않았더라도 논리를 갖추면 누구나 미술가라고 주장할 수 있게 되었다. 이제는 미술가냐 아니냐를 떠나 훌륭한 미술가인가가 중요하다. 미국의 조각가 리처드 세라는 미술가의 평가 기준은 "얼마나 관습에서 벗어날 수 있고, 미술의 역사를 얼마나 바꿀 수 있는가에 있다"고 말한 바 있다. 훌륭한 미술가는 작품을 통해 우리가 살아가는 이 세상에 질문하게 하고 통찰력을 가지게 하는 작가다.

미술을 이해하는 것은 왜 중요한가?

한 일화를 보자. 미술관에서 한 아버지가 아들에게 19세기 프랑스 화가 폴 세잔의 작품을 가리키며 말했다.

아버지: 이 작품은 대단한 걸작이란다.

아들: 왜 그렇지요?

아버지: 왜냐하면 위대한 화가가 그렸기 때문이지.

아들: 이 화가는 왜 위대한가요?

아버지: 왜냐하면 걸작을 그렸기 때문이지.

아버지는 세잔의 명성에 대해 들은 적이 있다. 하지만 그 이유를 설명하기에는 지식이 부족했다. 어디서 듣거나 읽은

적이 있더라도 실제 작품을 보고 왜 걸작인지를 판단하고 설명하기는 사실 쉽지 않다. 과거 어느 때보다 미술에 대한 단편적인 정보가 넘쳐나지만, 반 고흐가 고갱과 말다툼을 하고 귓불을 잘랐다든가 피카소의 연인이 여러 명이었다는 식의 개인적인 에피소드 중심의 해설로 미술의 본질을 이해하기는 어렵다.

중요한 것은 이 미술가가 어떤 독창성을 보이는지, 또 미술사의 흐름 속 어떤 맥락에 있는지 이해하는 것이다. 그 해결책 가운데 하나는 많은 작품을 직접 보는 것이다. 직접 경험이 쉽지 않을 때는 책이나 인터넷에서 해상도가 높은 이미지를 찾아보는 것도 도움이 된다. 그다음에는 주제와 내용을 전달하기 위해 작가가 구사한 색채, 형태, 선, 구성, 기법 등이 자신의 감정을 어떻게 끌어내는가를 살펴본다. 작품을 많이 접하다보면 그 독자적인 시각과 표현 방법을 알아보는 안목이 조금씩 생기게 된다. 더 깊이 이해하려면 미술가의 생애, 당시의 미술교육이나 규범, 개인과 화파의 양식 분석, 이미지 해석, 작품의 제작 배경, 재료와 기법 등 추가적인 지식이 뒷받침되어야 한다.

미술의 이해와 해석은 시대적 환경에 따라 달라질 수 있다. 오늘날의 관람자들은 심미적 가치나 질적 판단보다는 사회구조, 권력이나 계급, 성별 의식, 작품을 의뢰한 사람의 요구 등이 어떻게 재현되었는가에 관심을 두기도 한다. 이 과정에서 미술가가 의도하지 않았던 요소를 발견할 수도 있고, 미술가의 의도와 다른 해석을 할 수도 있다. 예를 들면, 미술가들이 즐겨 그리고 조각했던 여성 누드 작품은 1970년대부터 부각한 페미니즘적 해석으로 새롭게 보게 된다. 페미니스트 미술사학자들은, 화가 대부분이 남성이었던 과거에는 미술 작품을 감상하고 수집하던 사람들도 남성이었기 때문에 여성 신체가 관능적이고 수동적으로 재현되어 남성 관람자에게 훔쳐보기와 같은 만족감을 주기도 하고 여성을 쉽게 가질 수 있다는 환상을 심어주었다고 해석한다.

점점 미술 작품에 빠져들다 보면 미술이란 미술가 개인의 개성의 투영일 뿐만 아니라 그 시대 문화의 반영이라는 점을 알게 된다. 더 나아가 과거와 현재를 잇는 대화를 하게 된다. 이렇게 호기심을 가지고 미술 작품의 의미를 탐색하고, 그 복잡함과 심오함을 이해하고 감동하면서 우리의 삶은 한층 더 풍부해진다. 미술을 이해하는 것이 중요한 이유다.

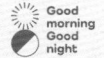

미술의 시각적 경험

미술을 이해하려는 이 여정은 '작품을 어떻게 보는가'에서 시작된다. 이때 주제와 내용, 그리고 양식과 형식을 구분할 필요가 있다. 보통 미술 작품을 볼 때 제일 먼저 궁금한 것은 '무엇을 그렸는가'다. '무엇'은 '주제'를 말한다. 최후의 만찬을 그린 것인지, 아폴로 신을 조각한 것인지, 특정 인물의 초상화인지, 이 외에도 누드화, 정물화, 풍경화인지를 알아보는 것이다. 그런데 주제와 '내용'은 다르다. 내용은 '무엇을 그렸는가'를 넘어 더 포괄적인 것을 의미한다. 지적이거나 심리적인 관점에서 특정한 의미가 강조된다거나 자신만의 해석 혹은 상징적인 의미를 부여했는가는 내용에 들어간다.

'양식'이란 한 개인의 작품에서 발견되는 독특한 특징을 말한다. 초등학교 시절 미술 수업 시간을 떠올려보라. 누구도 똑같은 그림을 그리지 않는다. 한 개인만의 표현적 특징이나 습관은 그 사람의 양식이다. 같은 시대에 훈련을 받거나 활동하면서 미술가들은 서로 비슷한 양식을 보여주는 경우가 있는데, 이것을 그 시대의 양식이라고 한다. '형식'이란 좀 더 구성적이거나 기술적인 요소를 의미한다. 형식은 선, 색채, 공간, 질감, 형태, 붓질 등을 어떻게 구사했는가이다. 주제와 내용이 감동적으로 전달되기 위해서는 형식의 탁월함이 뒷받침되어야 한다. 이제 회화, 조각, 건축, 공예의 특성을 알아보고, 형식, 주제, 내용이 어떻게 하나의 작품 안에 녹아 있는지를 살펴보자.

1.
회화, 사각 화폭 안으로 들어온 세상

미술에는 회화, 조각, 건축, 공예, 영상 등 다양한 분야가 있다. 일반적으로 사람들이 가장 익숙한 분야는 그림이다. 그림은 이미지를 시각적으로 표현한 모든 것을 포괄한다. 화가들이 안료를 물이나 기름 같은 매체에 섞어 평면에 바르는 미술 작품은 전문적인 용어로 '회화'라고 부르는데, 넓은 의미에서 그림의 범주에 포함된다. 회화의 종류에는 유화, 수묵화, 파스텔화, 수채화, 모자이크 등이 있고, 그 외에 판화, 드로잉도 회화에 속한다.

회화 작품을 감상할 때는 기법과 재료에 대해 알고 있는 것이 도움이 된다. 많은 기법 중에서 중요한 몇 가지만 소개하자면, 우선 고대로부터 많이 사용한 프레스코fresco를 들

수 있다. 프레스코란 벽이나 천장에 회칠을 하고 완전히 마르기 전에 그 위에 색을 입히거나 마른 다음에 채색하는 방법이다. 우리의 고구려 벽화 같은 경우도 프레스코의 일종이지만 벽이나 천장 위에 회칠하지 않고 직접 그리는 방법을 택해 서양의 프레스코와는 조금 다르다. 프레스코는 넓은 면적을 일관성 있게 작업해야 하므로 예로부터 대가만이 할 수 있는 기법이라고 여겼다.

중세나 르네상스 시기에 벽에 걸고 감상하는 회화에는 안료를 달걀노른자와 물에 섞어 나무판 위에 채색하는 템페라tempera를 주로 사용했다. 템페라는 곱고 선명한 색채는 가능했지만, 작은 붓으로 꼼꼼하게 작업해야 했고 한번 채색하면 수정이 어려웠다. 이를 대체하기 위해 르네상스 시기에 유화가 발명되었다. 유화도 템페라처럼 처음에는 나무판 위에 그렸지만 15세기 말부터 캔버스를 사용했다. 유화는 색을 자유롭게 섞어 쓸 수 있어 다양한 표현이 가능했고, 풍부하고 반짝이는 표면을 만들어낼 수 있었다. 또 잘못 그려도 수정하기가 쉬웠을 뿐만 아니라 견고해 현재까지도 가장 많이 사용하는 기법이다.

회화에서는 선, 색채, 형태, 공간, 질감, 붓 터치를 어떻게 배열하고 다루었는지에 따라 보는 사람에게 주는 물리적이고 심리적인 효과가 달라진다. 선의 경우, 일반적으로 수평선은 안정감, 대각선은 운동감, 곡선은 부드러움, 지그재그 선은 불안감을 준다. 색채는 묘사적인가, 표현적이거나 상징적인가, 원색(빨강, 파랑, 노랑)을 사용했는가, 혼색(주황, 보라, 초록 등 섞인 색채) 중심인가를 살펴본다. 또 형태는 평면적인가 입체적인가, 공간과 원근법은 어떻게 조성되었는가를 둘러본다. 이러한 요소들을 나름의 질서를 가지고 배치해 감상자의 시선이 혼란을 느끼지 않게 하는 것이 구성이다.

자연을 대하는 화가의 시각

세 명의 미술가가 그린 풍경화에서 각각 공간을 어떻게 다르게 처리했고 결과적으로 어떤 효과를 가져왔는지를 살펴보자. 19세기의 영국 화가 존 컨스터블은 야외에서 광선과 바람의 흐름, 이슬이 맺힌 아침 풍경 등을 관찰하고 숲, 나무, 풀을 스케치하면서 자연의 신선함을 그림에 옮기려고 했다. 그는 특히 전형적인 영국 날씨에서 볼 수 있는 변화무쌍한 하늘과 구름에 관심을 두었다. 〈웨이머스만〉에서 감상

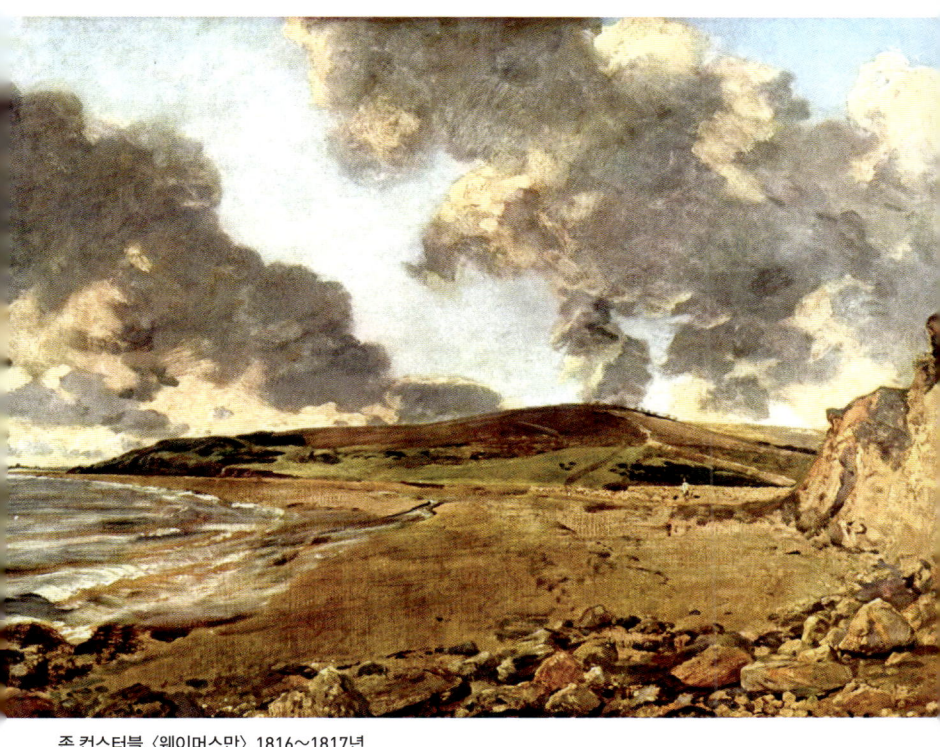

존 컨스터블, 〈웨이머스만〉, 1816~1817년

자의 시선은 평범한 해변에서 시작해 중경(근경과 원경 사이의 중간 정도에서 보이는 경치)에 자그맣게 보이는 사람에게서 잠깐 멈췄다가 빠르게 원경의 산으로 가게 되고, 화면의 반을 차지하면서 시시각각으로 달라지는 웅장한 구름과 하늘로 이끌려 간다. 이 작품은 광활한 해변과 하늘을 바라보는 작가의 낭만적인 정서와 무한한 감동을 보여준다.

반면 17세기 프랑스의 화가 니콜라 푸생은, 자연은 너무 변화가 많고 불완전해 그대로 그리는 대신 이상적이고 완벽한 질서를 부여함으로써 자연을 향상해야 한다고 믿었다. 〈포키온의 장례〉에서 푸생은 누명을 쓰고 죽임을 당한 포키온의 시신을 도시 밖으로 내보내는 장면을 그렸다. 그는 이 올곧은 그리스의 정치가에게 걸맞은 영원하고 불변하는 상상의 자연을 창조하고자 했고, 이 슬픈 장면에는 떠오르는 아침 해보다는 오후의 광선이 적합하다고 생각했다. 늦은 오후의 햇살이 비추는 가운데 화면 왼쪽과 오른쪽 가장자리의 나무들이 포키온에게 경의를 표하는 것처럼 중앙을 향해 고개를 숙이듯 기울어져 마치 무대 커튼처럼 중앙의 장면에 시선이 가게 한다.

푸생의 자연은 차근차근 질서 있게 구성되었다. 화면의

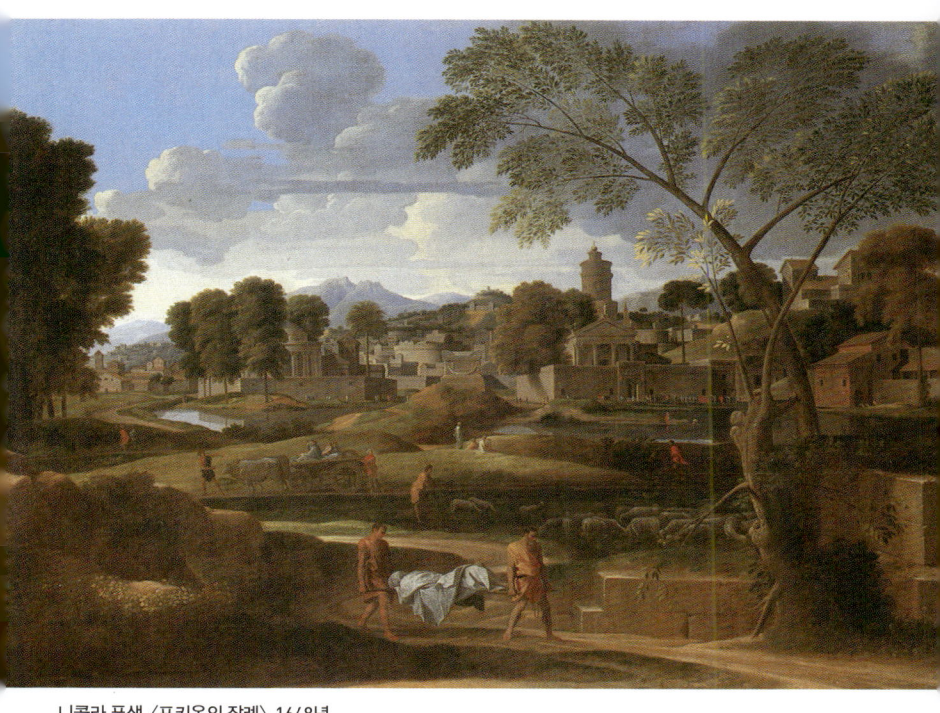
니콜라 푸생, 〈포키온의 장례〉, 1648년

중경에는 이상적인 고전적 건축물이 있는 도시가 보이고, 그 뒤로는 멀리 솟아 있는 산이, 그리고 더 뒤에는 하늘이 있다. 보는 사람의 시선은 더 이상 갈 곳이 없으므로 다시 중앙의 장면으로 돌아오게 된다. 이 그림에서 중요한 것은 한 영웅적인 인물의 이야기이고 배경의 풍경은 이 인물의 위대성을 받쳐주는 역할에 그친다.

서양의 풍경화와 비교해 동양 회화에서는 산수화가 차지하는 비중이 훨씬 크고 일찍부터 발달했다. 동양에서 자연은 신비롭고 경이로운 대상으로, 세속 세계를 탈피해 인간과의 융합을 도모하는 통로였다. 동양의 화가들이 자연에 나가 그림을 그리는 것은 일반적인 관례가 아니었다. 이들은 기본적으로 관념적인 또는 상상된 자연을 그렸다.

조선 시대 화가 정선이 그린 〈인왕제색도〉는 서울에 있는 인왕산을 실제 보고 그린 실경 산수화이기는 하나 사실 그대로가 아니라 작가가 느끼는 자연의 장대함과 산세의 에너지가 주관적으로 해석된 그림이다. 이 작품에서 인왕산은 바로 눈앞에 솟아오르는 듯이 가깝게 다가와 원근법이 적용되지 않았음을 알 수 있다. 화가는 깎아지른 듯한 바위의 표면을 먹을 머금은 붓을 옆으로 뉘어 넓게 사용하는 기법

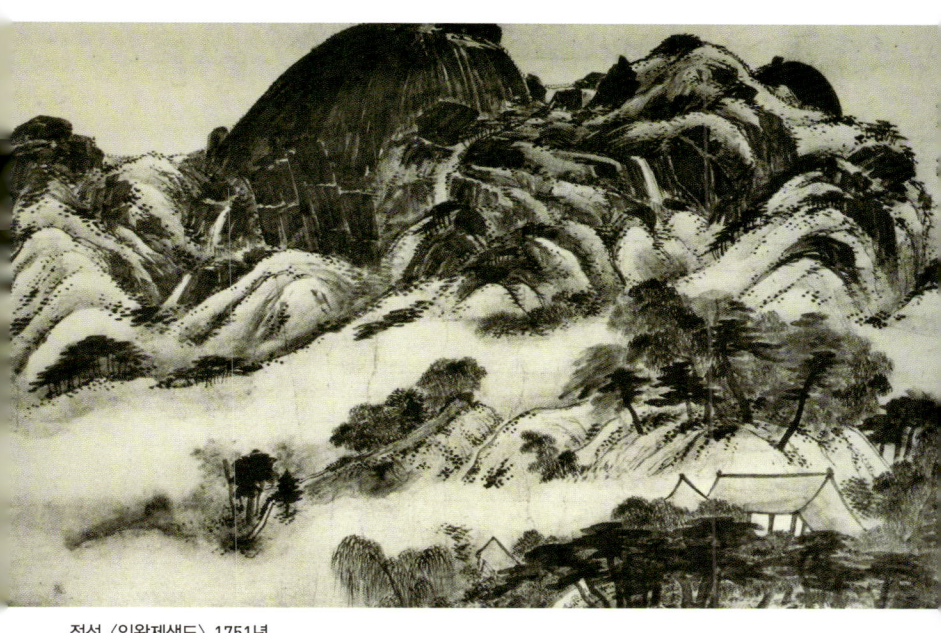

정선, 〈인왕제색도〉, 1751년

으로 처리했고, 산 밑의 물안개는 원경과 근경 사이에 거리감과 공간감을 표현하면서 거대한 바위산의 높이와 웅장함을 더욱 강조하고 있다. 컨스터블, 푸생, 정선의 풍경화는 자연을 대하는 화가의 태도에 따라 풍경이 어떻게 다르게 재현되는지를 보여준다.

이야기에 집중하게 하는 〈최후의 만찬〉의 구성

구성은 작품을 탄탄하게 지탱하는 문학의 플롯, 또는 건축의 뼈대와 같은 것이다. 서양미술사에서 뛰어난 구성으로 꼽히는 레오나르도 다빈치의 〈최후의 만찬〉을 예로 들어보자. 최후의 만찬을 주제로 하는 수많은 작품이 제작되었는데, 그중에서도 왜 레오나르도 다빈치의 작품이 유명한 것일까? 중세 종교화들은 종교적인 메시지 전달이 주목적이었지만 미술가이면서 과학자이기도 했던 레오나르도의 생각은 달랐기 때문이다.

그는 예수 그리스도가 마지막 저녁 식사를 제자들과 같이 하면서 "너희들 중의 하나가 나를 배반할 것이다"라고 말하는 순간을 실제 있을 수 있는 인간의 드라마로 표현하려고 했다. 이 충격적인 말에 제자들은 놀라 몸을 뒤로 젖히거나 믿을 수 없다는 표정으로 반응하는데, 이 순간 그리스도는 고립되어 있다. 이것은 이후 홀로 수난의 길을 가야 하는 운명을 상징한다. 레오나르도는 예수 그리스도를 완전함을 상징하는 삼각형 형태로 그렸고, 배경에 보이는 세 개의 창문은 삼위일체를 상징한다.

전체적인 구도는 일점 투시법에 따라 모든 시선이 예수 그리스도에게로 모이게 되어 있는데, 실내의 벽걸이나 천장의 구조물도 마찬가지다. 이 그림에서 단 하나의 곡선은 그리스도 뒤에 있는 창문 위의 둥근 몰딩(테두리)으로, 일종의 후광 역할을 한다. 전반적인 구성은 예수 그리스도를 중심으로 좌우 대칭이다. 그런데 그리스도의 얼굴이 화면 오른쪽으로 약간 기울어져 있다. 이것은 두 번째로 중요한 인물인 유다를 화면의 왼쪽에 배치함으로써 그리스도의 좌우 양쪽이 심리적인 균형을 이루게 하는 고도의 계산에 의한 것이다. 여기서 우리는 레오나르도의 뛰어난 구성과 이야기에 집중하게 만드는 능력에 감탄하면서도, 동시에 종교화가 인간 중심으로 세속화되기 시작하던 르네상스 인본주의가 반영되었다는 점도 확인하게 된다.

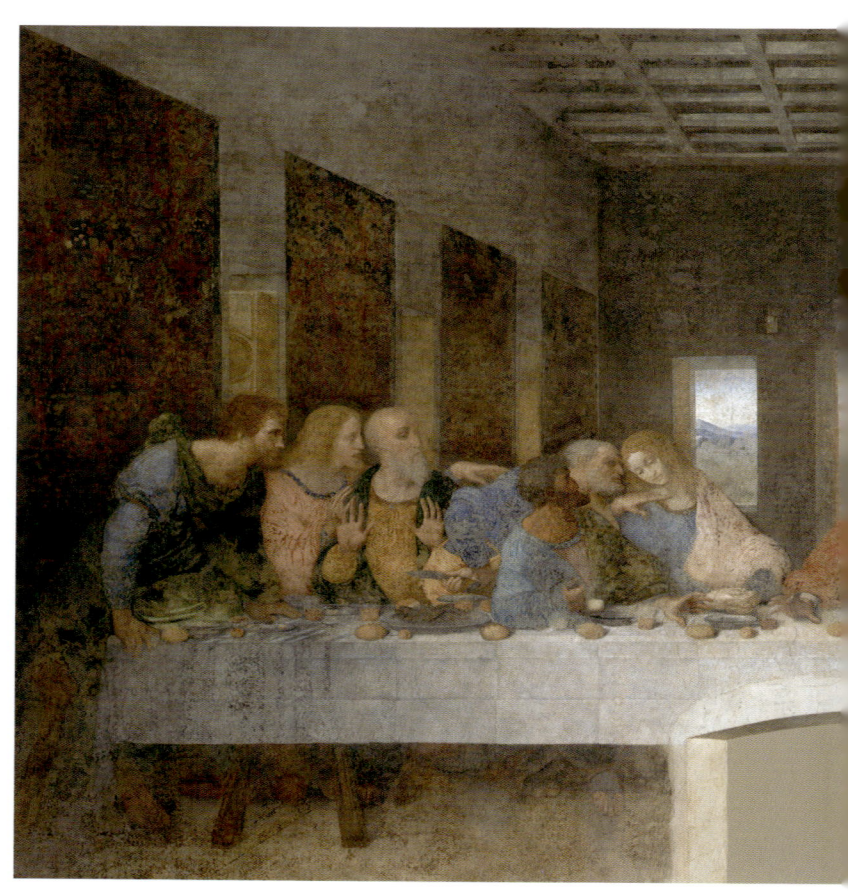

레오나르도 다빈치, 〈최후의 만찬〉, 1498년

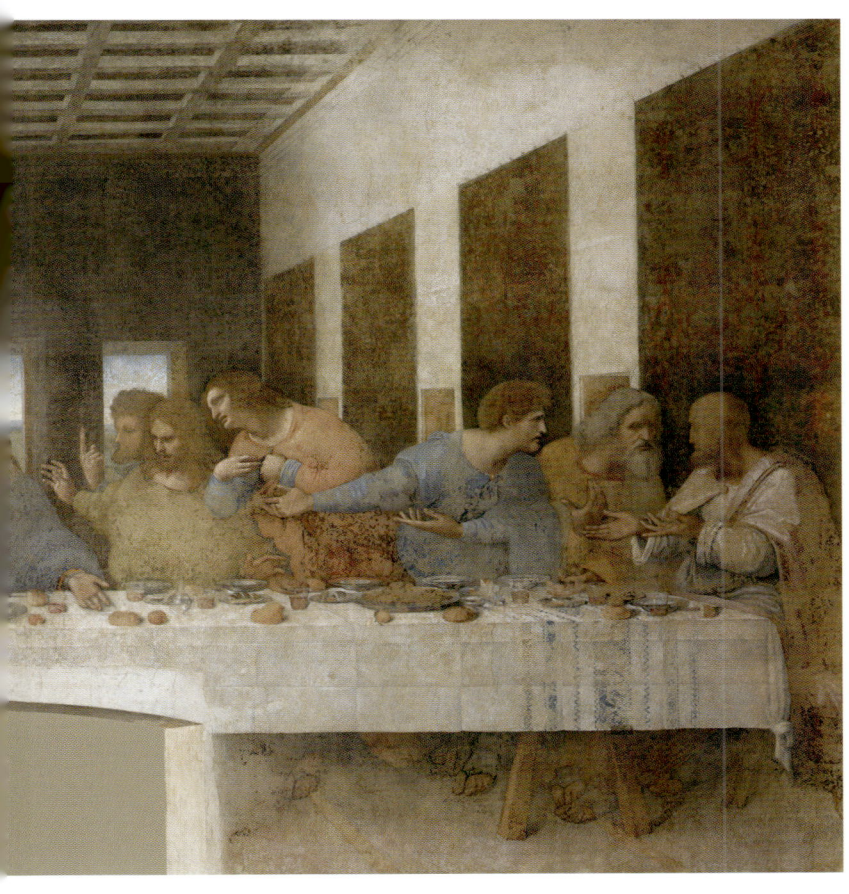

반 고흐의 청색, 마티스의 빨간색

미술의 형식을 살펴보아야 한다고 말하면 자신은 미에 대한 감성이 없어 선, 색채, 질감, 형태에 대해 둔감하다고 말하는 사람들이 종종 있다. 그러나 일상에서 "그 사람은 선이 굵네" 또는 "그 사람은 회색분자"라고 말하면, 그 사람에 대한 느낌이 대번에 온다. 우리는 생각보다 선, 색채, 질감, 형태를 인지하는 감각을 많이 지니고 있다. 반 고흐는 자신의 감정을 특유의 독자적인 선, 색채, 질감과 형태로 표현하려고 했다.

1889년 작품 〈별이 빛나는 밤〉은 마을을 내려다보는 시점으로 그렸는데 밤하늘은 달과 별의 황홀하고 격렬한 소용돌이로 가득 차 있다. 반 고흐는 색채는 단순히 시각적인 재현이 아니라 감정을 표현하는 중요한 요소라고 강조했는데, 그가 특히 이 그림에서 많이 사용한 색채는 청색과 노란색이다. 이 그림에서 밤하늘의 청색이 그에게 고독, 영혼, 천상의 즐거움을 상징한다면, 별들의 노란색은 희망, 에너지, 생명력을 상징하는 것으로 해석된다. 화면 왼쪽 측백나무는 마치 불길같이 올라오고 산등성이도 구불거리는 선으로 처리해 모든 것은 율동적이고 에너지에 차 있다. 반 고흐는 리

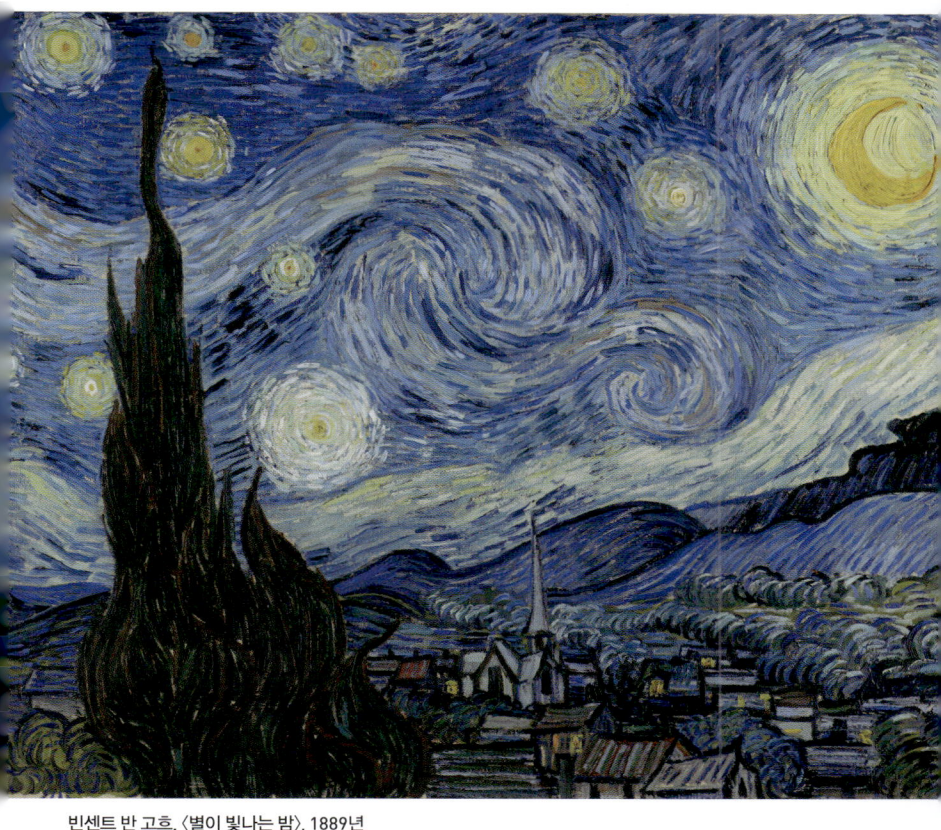

빈센트 반 고흐, 〈별이 빛나는 밤〉, 1889년

듬감 있는 선과 튜브에서 직접 짜 바른 듯한 두꺼운 물감 처리를 통해 세속적인 생에서 평화를 얻지 못한 그의 내적 표현을 밤하늘의 율동 속에서 찾으려 한 것으로 보인다. 이 작품에서 가장 정적이고 고요한 대상은 중앙에 뾰족하게 솟은 작은 교회로, 화면의 격렬한 움직임 속에서 중심을 잡아 준다는 점도 의미심장하다.

열정에 차 있는 이 그림은 마치 화가가 영감을 받아 단숨에 그린 것 같다. 하지만 반 고흐는 이 작품을 몇 개월 동안 계획했다고 쓴 편지와 습작을 남겼다. 다시 말하면 이 그림은 세심하게 구상되었지만, 열정적인 붓놀림과 구불거리는 선, 청색과 노랑의 대비, 두꺼운 질감을 통해 그림을 보는 사람은 마치 반 고흐가 영감을 받아 즉석에서 완성한 것 같은 느낌을 받는다.

전 생애에서 작품 한 점만 400프랑(오늘날 화폐가치로 약 1,100만 원)에 팔렸고, 고갱과의 말다툼 끝에 귓불을 자르고, 37세에 스스로 목숨을 끊은 반 고흐는 불행한 화가로 일생을 마감한 듯이 보인다. 그러나 그는 오늘날 가장 유명한 화가로 남아 있고 경매시장에서도 가장 비싸게 팔리는 작가 가운데 하나다. 왜 당시 평론가들은 반 고흐를 인정하지 않았을까? 사실 반 고흐는 정식 미술학교를 나오지는 않았다. 1887년부터 파리의 화실에서 열심히 배우면서 그의 작품은 인상파 화가들처럼 밝게 바뀌었다. 그는 한층 더 나아가 인상주의를 넘어 강렬한 원색을 사용해 표현주의적 터치를 구사하는 독자적인 양식으로 탈바꿈했다. 이제 겨우 인상파 화가들의 그림에 익숙해진 대부분의 평론가는 이 지점을 이해하지 못했고, 반 고흐의 그림이 지나치게 거칠다고 보았다.

회화가 더 이상 이야기를 보여주거나 사실대로 묘사할 필요 없이 색채와 형태의 추상적 가치 그 자체로 존재한다는 개념은 19세기 후반에 나오기 시작했다. 반 고흐는 이 과정을 보이는 대표적인 화가였다. 선, 색채, 형태의 형식적인 요소로 보는 사람의 감정과 반응을 끌어낼 수 있다는 사고는 추상미술로 발전했다. 추상미술의 선구자인 앙리 마티스가 그린 〈빨간색의 하모니〉는 선, 색채, 형태가 어떻게 묘사적인 기능에서 벗어나 표현력을 발휘하는지를 잘 보여주는 예다.

〈빨간색의 하모니〉에서 식탁과 벽면은 같은 빨간색으로 고르게 채색되어 원근감이 사라졌고 식탁을 꾸미고 있는 여인의 신체도 양감이 없이 평면적이다. 그렇지만 화면 왼쪽의 의자는 투시법에 따라 축소되었고, 식탁 뒤에는 여인이, 또 그 뒤로 벽이 있어 원근감이 완전히 없어진 것은 아니다. 무엇보다 식탁과 벽에 그려진 구불거리는 나무나 꽃의 줄기 같은 선의 패턴과 따뜻하면서도 화려한 빨간색은 화면을 매우 온화하고 화사하게 만든다. 화면 왼쪽에 창문으로 보이는 형태는 실제 창문이나 벽에 걸린 그림이라기보다 하나의 구성 요소다. 그 안의 초록색, 푸른색, 흰색, 그리고 약간의 분홍색은 화면 전체를 주도하는 빨간색과 조화를 이루면서도 진정시키는 역할을 한다.

이 그림은 선, 색채, 형태로 마티스가 원했던 실내의 평온하고 안락한 느낌을 '표현'하고 있다. 여기에서 중요한 단어는 표현이다. 마티스가 식탁을 차리는 여인이라는 제목을 붙이지 않고 '빨간색의 하모니'라고 제목을 단 것도 그의 의도가 어떤 장면의 묘사가 아니라 주 색조인 빨간색과 선, 형태 등 다양한 형식적 요소들 사이의 조화를 통해 그 자신이 느꼈던 감정을 표현하려고 했기 때문이다. 같은 장면을 그리더라도 지그재그 선과 거칠거나 어둡고 침침한 청색 등을 사용했더라면 지금의 느낌과 완전히 다른 실내 분위기가 표현되었을 것이다.

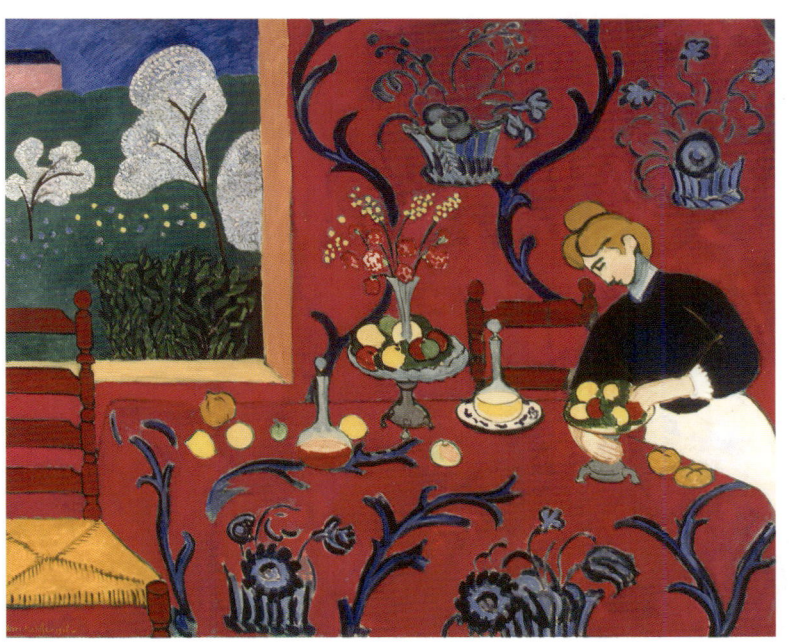

앙리 마티스, 〈빨간색의 하모니〉, 1908년

카라바조 vs. 렘브란트

마지막으로 같은 주제라도 화가에 따라 어떻게 다른 내용
으로 표현되었는가를 살펴보겠다. 이를 위한 좋은 방법의
하나는 '비교'이다. 17세기 이탈리아의 화가 카라바조와 네
덜란드의 렘브란트가 '엠마오의 저녁 식사'라는 동일한 주
제로 그린 작품을 비교해보자. 이 주제는 예수 그리스도가
부활한 뒤 엠마오의 한 주막에 나타나 두 명의 제자(순례자)
와 저녁을 함께 하면서 자신이 그리스도임을 밝히는 장면
이다. 카라바조의 〈엠마오의 저녁 식사〉에서 제자들은 깜짝
놀라 의자에서 튕겨 일어서려 하거나 믿을 수 없다는 듯이
양손을 벌린다. 주막집 주인은 아직도 무슨 일이 벌어지고
있는지 모르는 표정이다. 카라바조는 이 극적인 순간을 강
한 명암의 대조로 마치 눈앞에서 일어나고 있는 듯이 묘사
했다. 그리스도는 젊고 수염이 없으며 제자들은 허름한 옷
을 걸친 서민적인 모습으로 르네상스의 성스러운 종교화의
관습에서 크게 벗어나 훨씬 인간적인 모습으로 변화되었다.

반면 렘브란트의 〈엠마오의 저녁 식사〉는 광선이 예수의
머리 바로 뒤에 집중되면서 전체 장면을 부드럽게 감싸준
다. 주막집 하인은 아직 모르고 있지만, 제자들은 깨닫기 시

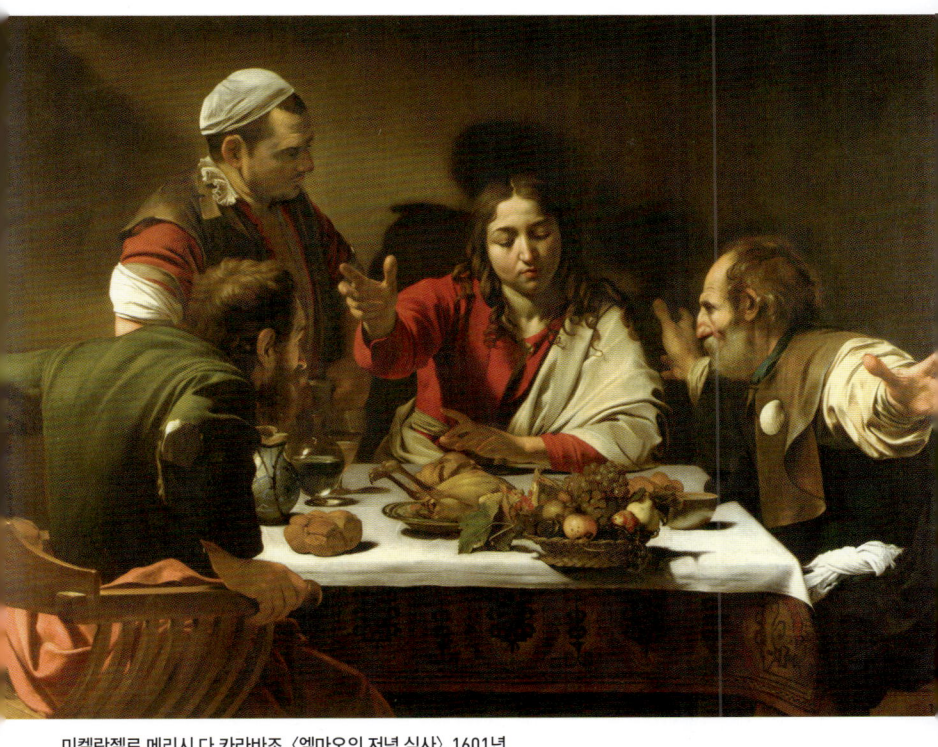

미켈란젤로 메리시 다 카라바조, 〈엠마오의 저녁 식사〉, 1601년

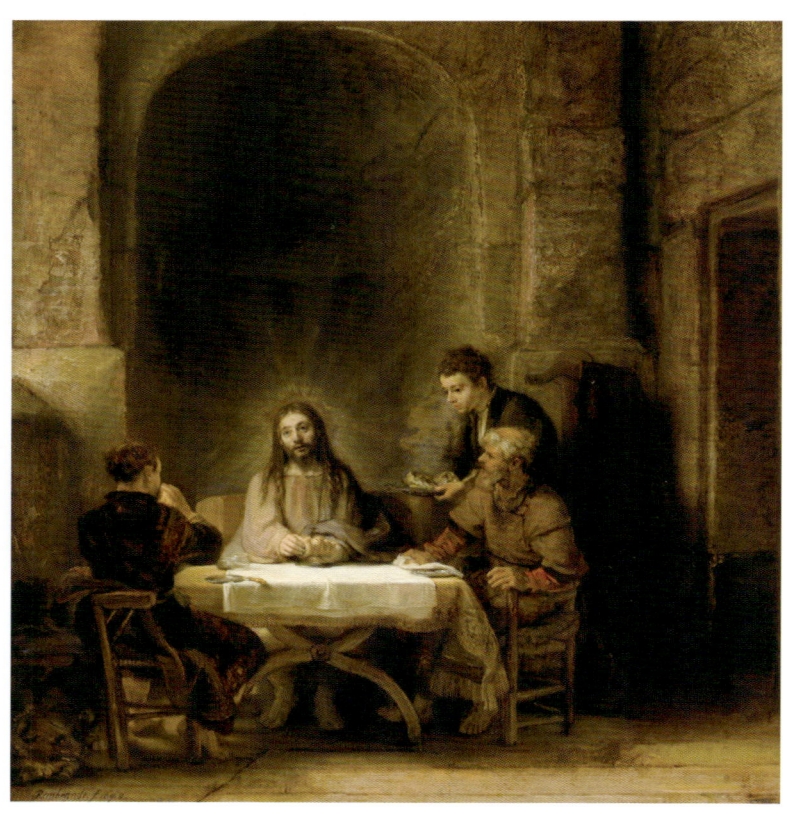

렘브란트 판레인, 〈엠마오의 저녁 식사〉, 1648년

작한다. 렘브란트는 어떤 극적인 표현보다 조용한 순간이 더 깊고 심오하며 설득력 있게 내용을 전할 수 있다고 믿었다. 이 두 작품을 비교해보면 동일한 주제라도, 어떤 순간을 어떤 방식으로 그리느냐는 작가의 선택이며, 그 전달하는 방식에 따라 감상자의 반응은 상당히 달라질 수 있다는 점을 알 수 있다.

2.
인체에 대한 사랑에서 시작한 조각

조각의 전통적인 정의는 '물리적 공간에 놓는 견고한 입체의 구성체'다. 조각에는 환조와 부조가 있다. 환조란 독립된 조각으로, 그 자체로 균형감을 가지고 서 있는 조각을 말한다. 회화의 경우 감상자는 대개 작품을 정면에서 보지만, 환조는 입체이기 때문에 여러 시점에서 볼 수 있다. 부조(돋을새김)는 벽면과 같이 평평한 바탕 위에 새겨 형태를 만들어내는 조각으로, 돌출 정도에 따라 고부조, 중간 부조, 저부조로 나뉜다. 전통적으로 많이 사용된 조각의 재료는 나무, 점토, 청동, 돌이다. 20세기에 들어와 금속, 플라스틱, 유리, 강철과 같은 재료들이 등장했고, 생활 속 물건을 사용하는 조각들도 나왔다.

조각의 기본적인 기법은 깎기carving, 살 붙이기modeling, 주조하기casting(녹인 쇠붙이를 거푸집에 부어 형태 만들기) 등이 있다. 깎기는 주로 돌이나 나무를 사용하는 경우인데 원하는 형태가 나올 때까지 깎아내는 방법이다. 이를 위해 처음부터 원하는 형태가 확실해야 한다. 돌도 대리석, 화강암, 석회암, 사암 등 종류가 다양하고 각각의 결, 색채, 강도에 따라 접근이 달라야 하므로 조각가는 재료의 성격을 잘 알고 다루어야 한다.

살 붙이기는 원하는 형태가 될 때까지 왁스나 점토를 덧붙여 만드는 방법으로, 만드는 과정에서 변경이나 수정도 가능하다. 주조하기는 왁스나 점토 등으로 모형을 만든 뒤 거푸집을 만들고 그 속에 금속을 녹여 부어 모형과 똑같은 형태를 견고하게 제작하는 방법이다. 주조 후에도 다시 손질해 완성도를 높일 수 있다.

예술이 된 인체

고대부터 조각가들을 매료한 주제는 바로 인체다. 조각의 역사는 거의 인체 조각만으로도 이야기될 수 있다. 아름다운 인체에 대한 추구는 어느 시대에나 있었기 때문이다. 인체 조각을 감상할 때는 비례가 사실적인가 아니면 왜곡되어 있는가, 평온한 자세인가 아니면 강한 운동감을 가지고 있는가, 얼굴 표현이 사실적인가 아니면 내면의 심리 상태를 드러내는가, 재료나 크기에서 오는 특징과 제약은 무엇인가, 야외 조각의 경우 놓인 위치나 환경적인 요소가 어떻게 작용하는가 등을 고려해야 한다.

기원전 480년경에 그리스에서 대리석으로 제작된 〈크리티오스 소년상〉은 신체의 비례가 이상적이어서 자연스러운 균형을 유지한다. 19세기에 처음 발굴되었을 때 크리티오스라는 조각가의 작품이라고 생각해서 '크리티오스 소년상'으로 이름 붙여진 이 조각은, 고개를 약간 돌리고 무릎을 살짝 굽히면서 편안하게 서 있다. 얼굴과 자세에서 품위가 느껴지며 특정한 개인을 묘사하지는 않았지만 따뜻한 온기를 지닌 한 청년의 모습이다. 현실 속의 인간은 완전하지 않다고 믿었던 그리스인들은 정신과 윤리의 완벽함은 신체의 완벽함에 반영된다고 믿었고, 그러한 믿음을 이 이상적인 청년상에 반영하고자 했다.

미켈란젤로의 〈깨어나는 노예〉는 이상적인 인체와는 완연히 다르다. 미켈란젤로는 젊을 때 그리스 이상주의를 따

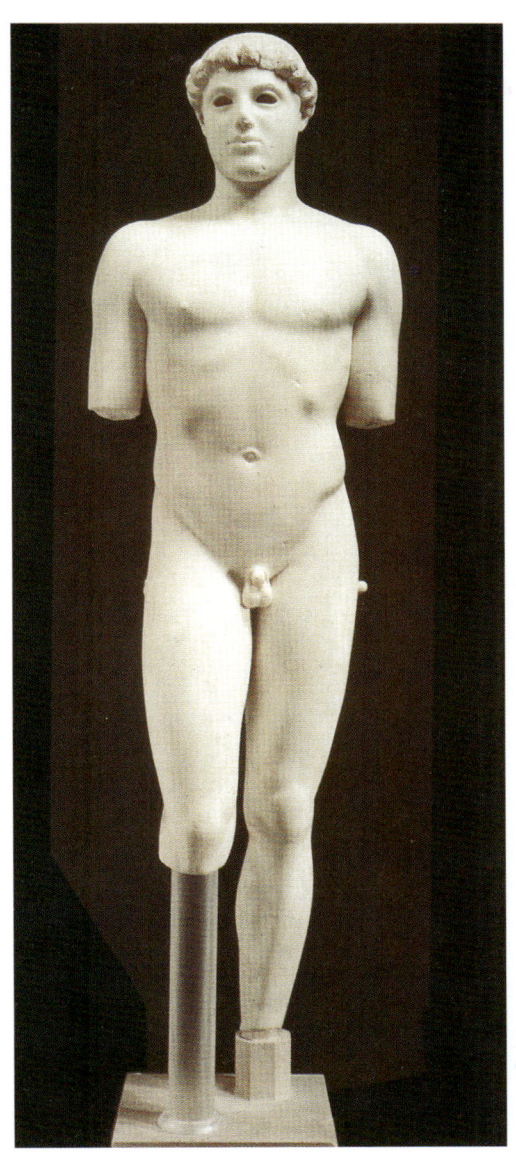

〈크리티오스 소년상〉, 기원전 480년경

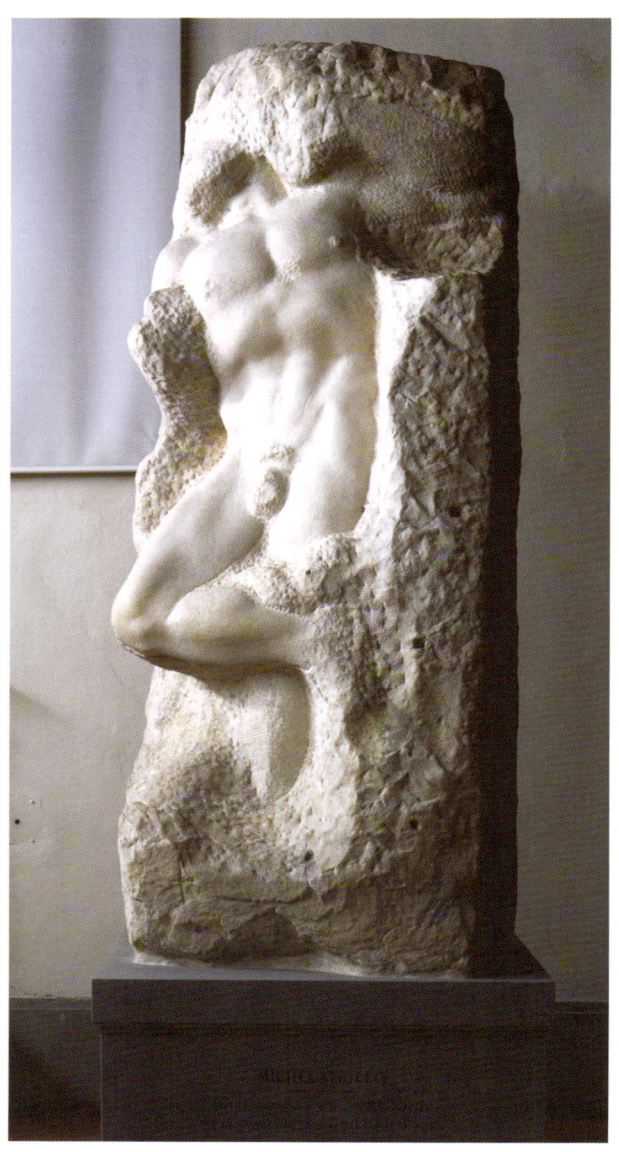

미켈란젤로 부오나로티, 〈깨어나는 노예〉, 1520~1523년

르는 조각을 제작하기도 했지만, 중반부터 인체 표현이 달라지기 시작했다. 미완성으로 남겨진 이 작품에서 거인같이 육중한 인체는 조각가의 끌 흔적이 남아 있는 거친 대리석에서 몸을 뒤틀고 서 있다. 얼굴의 반은 대리석에 파묻혀 있고 축적된 에너지를 보이는 근육질 신체는 마치 돌이라는 감옥에서 해방되지 못해 고통스러운 듯 비틀려 있다. 감상자는 이 조각 앞에서 자신의 의지대로 행동할 수 없고 보이지 않는 굴레에서 벗어날 수 없는 인간의 무기력에 공감하게 된다.

르네상스 미술이 화음과 평정을 추구했다면 미켈란젤로의 이러한 작품은 시대적 양식에서 벗어난 그 자신만의 독자성을 보인다. 미켈란젤로는 인체는 영혼의 표현이자 내적 상태의 표현이라고 보았다. 그래서 주위 환경과의 갈등이나 창작 과정의 좌절과 고통이 그의 작품에 드러난 것으로 해석된다. 미켈란젤로는 〈깨어나는 노예〉를 비롯한 여러 점의 미완성 작품을 남겼다. 이 조각들은 당시 기준으로는 완성작으로 여겨지지 않았지만, 오늘날에는 미켈란젤로 자신이 더 이상 손댈 필요가 없이 완성된 것으로 생각했다거나 끝마치기를 원하지 않았다는 해석도 있다. 미켈란젤로는 개인

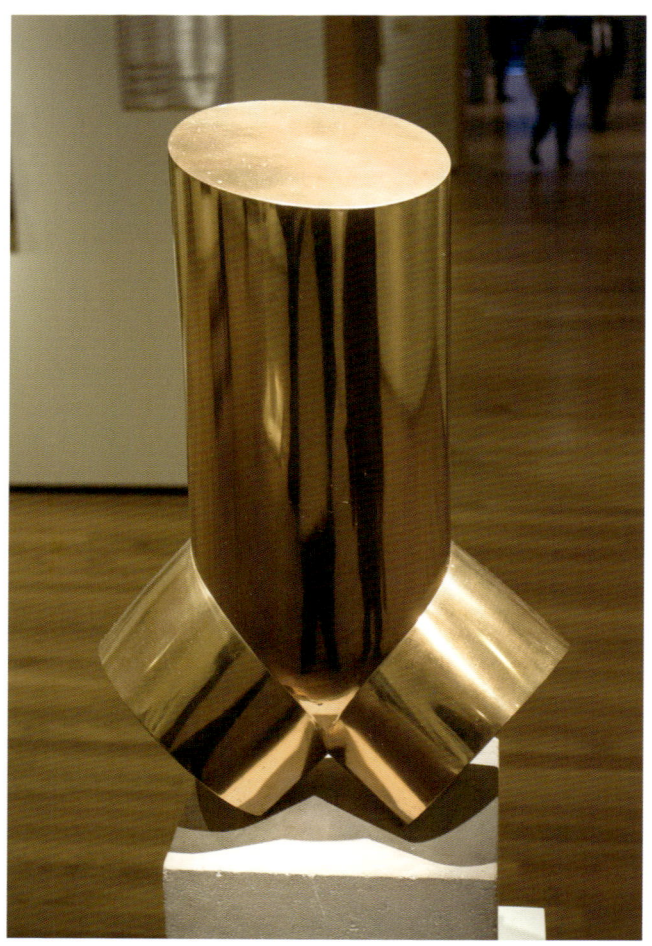

콩스탕탱 브랑쿠시, 〈청년의 토르소〉, 1917년

의 개성이 시대의 양식을 넘어선 미술가였다.

당연했던 것을 거부한 미술가들

현대에 와서 이상주의는 붕괴했다고도 할 수 있지만, 작가에 따라서는 아름다운 인체를 새롭게 실현하기도 한다. 그리스 조각에서 보이는 완벽한 균형과 조화를 현대적으로 계승한 조각가는 바로 루마니아 태생의 콩스탕탱 브랑쿠시였다. 브랑쿠시의 〈청년의 토르소〉는 사실적인 요소가 완전히 사라져 버린 추상 작품으로 보이지만 토르소(머리와 팔다리가 없는 몸통)라는 제목에서 이 작품이 인체의 부분을 표현한 것임을 알 수 있다. 그렇지만 이 작품에서 느끼는 즐거움은 인체를 연상해서 오기보다는 세 개의 원통형이 이루는 상호 관계 및 비례, 선, 윤곽선, 최상의 효과를 내도록 매끄럽게 닦인 청동의 표면 처리에서 온다. 비록 사실적인 인체는 아니지만 균형과 조화에 대한 브랑쿠시의 관심사는 전통적인 조각가와 크게 다르지 않다.

공간에 놓이는 견고한 입체를 조각이라고 정의했지만, 현대 조각에서는 지금까지 생각지도 못했던 새로운 요소가 추가되었다. 바로 움직임의 도입이다. 알렉산더 콜더는 견

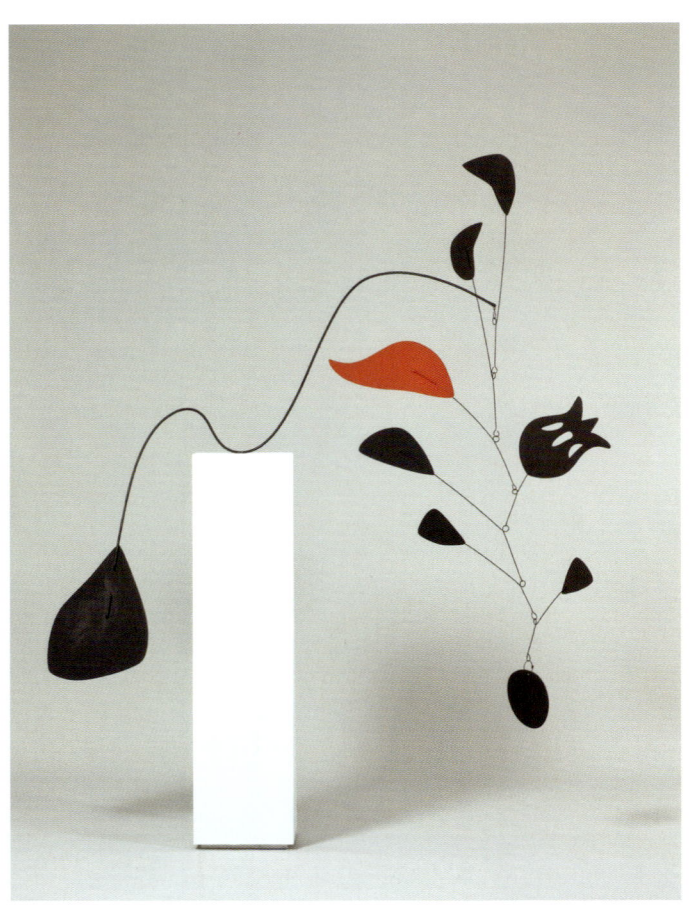

알렉산더 콜더, 〈석류나무〉, 1949년

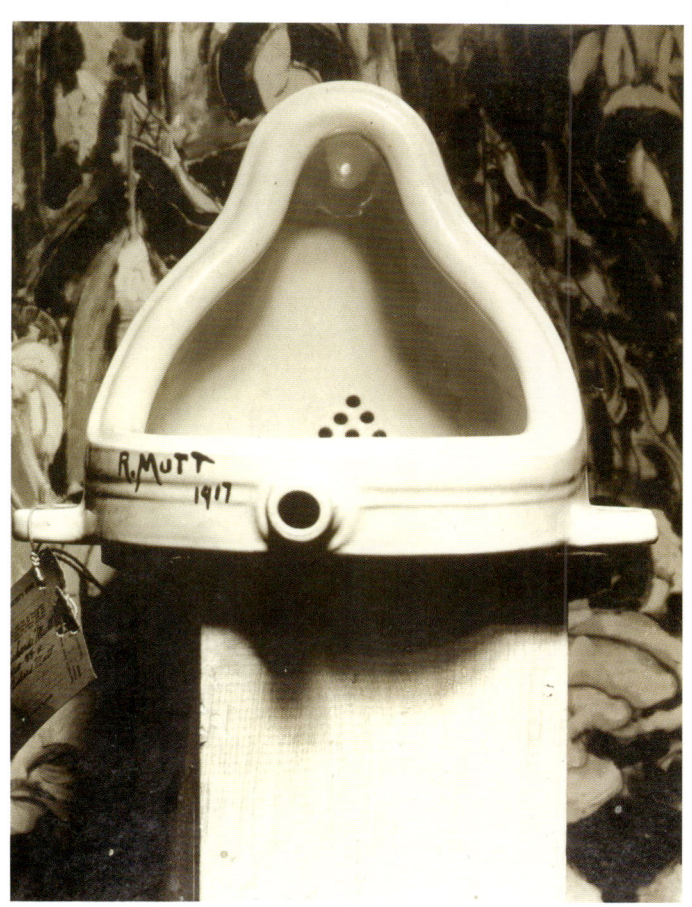

마르셀 뒤샹, 〈샘〉, 1917년

고한 입방체와 양감이라는 전통적인 조각 개념을 거부했다. 콜더의 〈석류나무〉에서는 가는 철사에 연결된 서로 다른 크기와 모양의 평면적인 형태가 공기의 흐름에 따라 혹은 상호 균형의 원리에 의해 계속 움직인다. 흔히 '모빌mobile'로 불리는 콜더의 조각들은 기류에 따라 예상할 수 없는 움직임과 극적 효과를 보여줄 수 있고, 형태의 강렬한 색채와 함께 공간에 그린 자유로운 회화와 같은 성격을 띠게 되었다.

손으로 제작한 창작품이 아니라 시중의 기성품을 선택해 만들어도 미술이 된다는 개념은 프랑스의 미술가 마르셀 뒤샹이 처음 시도했다. 그는 1917년에 도자로 대량 생산된 남성용 소변기 하나에 〈샘〉이라는 제목을 붙이고 자신의 이름 대신 'R. Mutt'로 사인했다(변기는 J. L. Mott 회사 제품이었다). 그는 이 〈샘〉을 뉴욕에서 열린 독립미술가협회 전시에 내놓으려고 했지만 거부당하고 엄청난 논란을 불러일으켰다. 그 전시회는 누구든 원하면 출품할 수 있는 개방적인 전시였으나 기획한 측에서는 "매우 쓸모 있는 물건이지만 전시회에는 적당하지 않다"고 거절 이유를 밝혔고, 나아가 "어떤 정의에서 보더라도 미술 작품이 아니다"라고 언급했다.

뒤샹의 의도는 소변기를 미학적인 물건으로 제시하면서

기성품도 아름답다고 말하려는 것이 아니다. 그는 전통적인 가치관을 파괴하고 웃음거리로 만들면서 우리가 습관적으로 떠올리는 미술의 기준을 백지화함으로써, 그렇다면 과연 미술이란 무엇인가 하는 근본적인 질문을 하게 했다. 뒤샹은 좋은 미술, 나쁜 미술을 판단하는 예술 제도의 기준과 허식에 대해 생각하게 한다. 그에 의하면 미적 가치는 중요하지 않으며 미술가가 무엇을 선택해 어떤 문맥에 놓는 행위 자체가 의미를 갖는다는 것이다. 이것은 전통적 미술의 개념을 뒤집어놓은 것과 같았다. 뒤샹은 미술의 본질은 작가의 의도와 맥락에 있으며 이것을 어떻게 받아들일지는 관람자에게 달렸다는 일종의 열린 개념을 제시했다. 무엇보다 미술가의 아이디어가 작품의 완성도보다 중요하다는 뒤샹의 개념은 현대미술의 방향을 크게 바꾸어놓는 시발점이 되었다.

3.
건축, 가장 사회적인 종합 미술

건축이 회화, 조각과 다른 점은 미적이고 창의적인 측면에
더해 기능이 합쳐졌다는 것이다. 어떤 건물은 미적 효과와
관계없이 기능에만 치중하기도 한다. 창고나 공장 같은 경
우가 그러한데, 특정 기능을 가진 구조물이지만 대부분 미
적 요소를 생각하지 않고 짓는다. 건축은 건물을 설계하고
디자인하고 사회적 측면을 고려하는 창의적 활동이 들어가
는 개념이다. 사실 서양의 고대나 중세에 건축은 모든 것을
종합한 가장 중요한 미술로 자리 잡고 있었다. 회화나 조각
은 오히려 건축의 부속물로 여겨졌다. 건축의 우월한 위치
는 르네상스 시기에 천재적인 화가나 조각가가 다수 나오
면서 흔들리기 시작했지만, 현대에 들어와서 첨단 공법이나

새로운 재료 및 조형성으로 미술의 중요한 한 분야로 여전히 자리 잡고 있다.

기능과 미의 만남

건축에 관해 이야기할 때, 우선 기능이 어떠하며 의뢰인의 요구가 어느 정도 반영되었는가를 보아야 한다. 그 외에 내부 공간의 구조나 형태는 기능을 따라가는가, 상징성을 띠는가, 수평적인 축으로 설계되었는가 아니면 수직적인가를 살펴야 한다. 또 건축물이 세워진 장소와의 관계뿐 아니라 재료와 기술적인 특성을 고려해야 한다.

건축을 의뢰한 쪽이 통치자나 정부, 또는 교회일 경우, 기능도 중요하지만 정치성이나 상징성이 강하게 나타나기도 한다. 건축은 종교의 신성함, 통치자의 권력 또는 정부의 지향성 등을 대변하는 이미지이기도 하기 때문이다. 통치자의 권력이 가장 잘 발현된 왕궁 건축물은 중국의 자금성이다. 자금성은 명나라의 영락제가 난징에서 베이징으로 수도를 옮기면서 지은 세계 최대의 황궁이다. 이 궁은 11미터 높이의 24킬로미터에 달하는 성벽으로 둘러싸여 있고, 그 안에는 약 980채의 건물이 있다고 한다. 압도적으로 장엄한 자

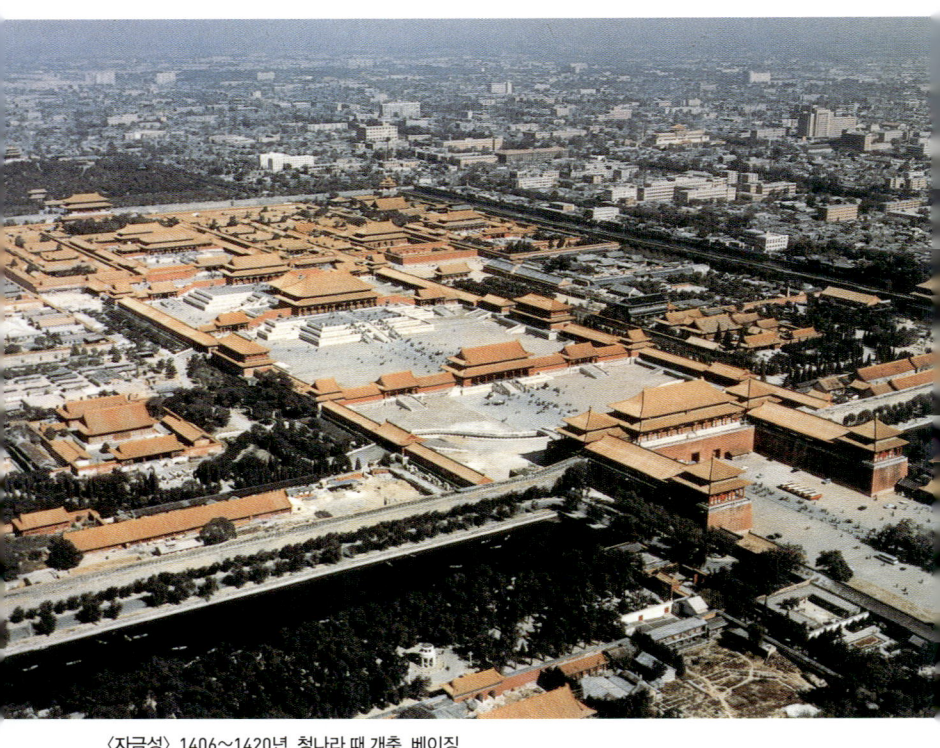

〈자금성〉, 1406~1420년, 청나라 때 개축, 베이징

금성은 황제가 업무를 보고 생활하는 곳이기도 했는데 황제를 상징하는 용 문양이 곳곳에 새겨져 있고 거의 모든 건물에는 황제를 상징하는 노란색 기와를 얹었다. 황제의 위엄을 선전하고자 했던 이 대규모의 궁 안 모든 건물은 왕의 거처가 있는 중앙을 중심으로 질서 있게 배치되어 위압감을 주는 절대 권력을 상징한다.

미국의 수도인 워싱턴 D.C.에 있는 국회의사당은 미국 정부가 설립한 건축물로, 1800년에 완공되어 영국에서 독립한 신생 국가의 이상을 표현한다. 당시 미국은 개인보다 국가를 앞세웠던 고대 로마를 이상적인 국가의 모델로 보고 로마의 정치 사회 제도뿐 아니라 상징을 많이 수용했다. 국회의사당이 자리한 지역인 '캐피톨 힐'도 로마의 카피톨리누스 언덕에서 이름을 따온 것이다. 윌리엄 손턴이 설계한 이 국회의사당은 대리석 건물로, 본채는 로마 시대의 돔dome과 장엄함을 보여주는 고전주의적인 건축으로 찬사를 받았다. 이후 미국 주州 청사 건물 대부분에는 고대 건축 양식이 적용되었다. 권위나 권력을 상징하는 자금성이나 고대 국가의 이상을 계승하고자 한 미국 국회의사당과 같은 건축물은 그 정치적 상징성 때문에 혁신을 추구하기보다는 전통을 따라가고 있다.

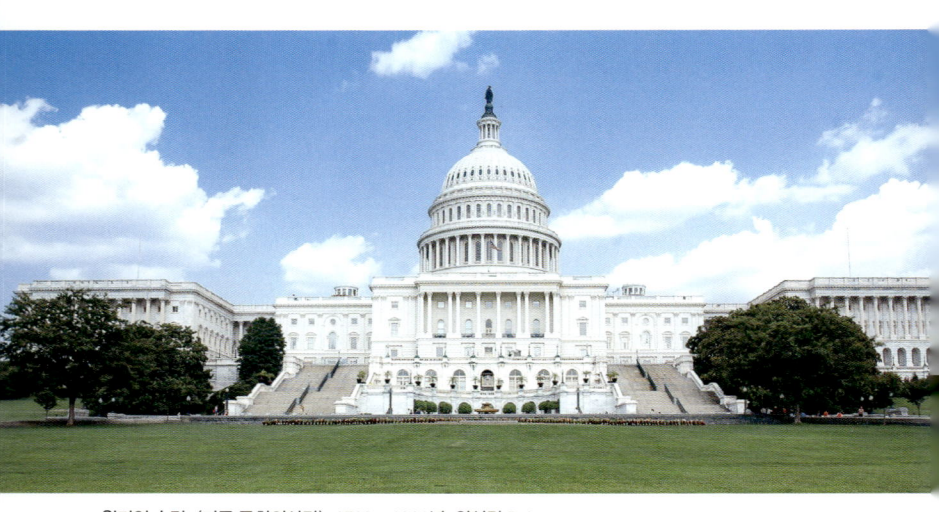

윌리엄 손턴, 〈미국 국회의사당〉, 1793~1800년, 워싱턴 D.C.

1950~1955년에 프랑스 롱샹에 지어진 르코르뷔지에의 노트르담 뒤 오 성당은 종교적 기능을 잘 살리면서도 기술, 재료나 형태에서 이제까지의 어떤 건축과도 다르다. 신도가 약 300명인 이 작은 교회는 언덕 위에 있는 하얀 건물로 외형이나 내부, 조명의 모든 부분이 예상 밖의 놀라움과 감탄을 자아낸다. 어떻게 보면 성곽 같기도 하고 배 같기도 한 외부의 면은 각각 다르게 설계되었고, 벽, 지붕, 바닥은 모두 곡선으로 처리되었다. 이렇게 자유로운 형태로 지어질 수 있었던 것은 재료가 콘크리트이기 때문이기도 하다. 천장이 곡선으로 약간 내려앉은 내부는 천장과 벽 사이의 틈으로 빛이 들어오면서 마치 동굴에서 예배를 보는 듯한 은밀한 느낌을 준다. 크기가 각각 다른 창문은 아름다운 현대적 스테인드글라스로 장식되어 내부를 신비스럽게 비춘다. 압도하기보다는 인간적인 스케일의 이 건축은 고딕 성당과 같은 공학적 구조가 강조되지도 않았고 파르테논 신전처럼 이성적이지도 않다. 르코르뷔지에의 노트르담 뒤 오 성당은 종교 건축에 요구되는 고요하고 명상적인 경건함을 살리면서 시각적, 감각적 감흥을 불러일으킨다.

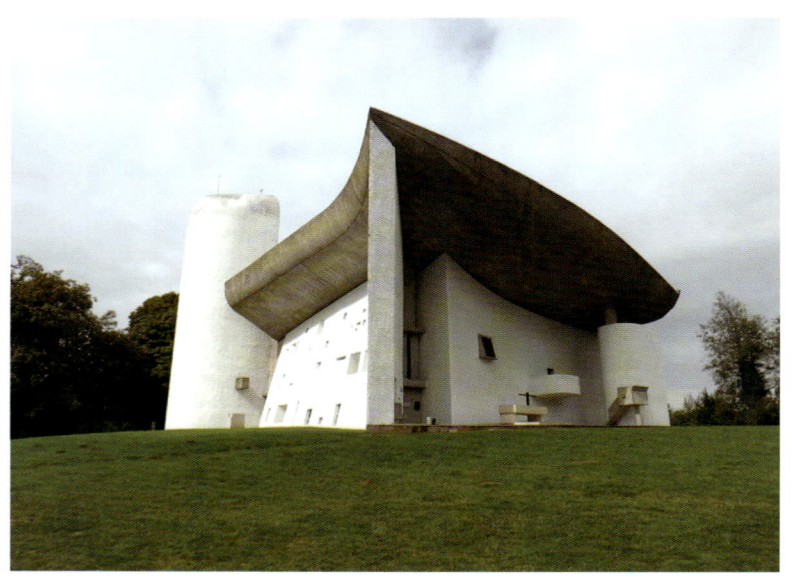

르코르뷔지에, 〈노트르담 뒤 오 성당〉, 1955년 완공, 롱샹, 프랑스

4.
공예, 예술과 실용성 사이에서

공예는 전통적으로 실용적인 기능과 기술적 숙련을 강조하기 때문에 창의성이 요구되는 회화, 조각, 건축의 순수 미술과 차별화되었다. 사상이나 감정을 전달하고 자아를 표현하는 순수 미술과 달리 공예품은 일상생활에서 사용하는 소품으로 간주되어 상대적으로 낮은 평가를 받아왔다. 물론 실용적인 기능을 하는 물건도 색이나 디자인 또는 크기 등을 다르게 하면 더 좋아 보일 수 있고, 물건을 사는 사람들도 마음에 드는 것을 고를 수 있다. 그러나 기술과 디자인이 뛰어나다고 공예품이 모두 미술품이 되는 것은 아니다. 미술품으로 여겨지기 위해서는 그 기능을 넘어서는 무언가가 있어야 한다. 공예품과 미술품 사이 경계는 논쟁의 여지가 많지만, 인간의 경험에서 나오는 표현이나 창의성이 발휘되는 경우 예술의 범위에 들어오는 작품들도 많다.

동아시아에서는 공예가 단순한 기능을 넘어서 미적 가치와 문화적 의미를 지녀왔다. 특히 도자공예는 문화 교류의 중심에 있었다. 일찍부터 중국 도자는 이슬람이나 유럽 국가에 수출되었고 18세기 유럽의 자기 제작에 영감을 주었다. 한국, 중국, 일본의 도자기는 삼국이 수출하고 수입하면서 서로 영향을 받아 발전해 아시아 공예미술의 가장 중요한 품목이 되었다.

예를 들어, 고려 시대 〈청자 어룡형 주전자〉는 기능적으로는 술 주전자이지만 단지 공예로 여기기 어려울 만큼 상상력과 표현력이 예술적이다. 이 주전자는 상상의 동물인 어룡魚龍의 머리에서 술이 나오게 되어 있고 물고기 모양의 몸체는 두 개의 지느러미가 덮고 있으며 뚜껑 부분은 물고기의 꼬리로 되어 있다. 이 술 주전자는 도공의 기발한 상상력과 감각, 비취색의 유약 처리 등에서 뛰어난 기술력을 보인다. 이 때문에 어룡형 주전자는 단지 술을 따르는 용도로만 만들어졌다고 보기는 어렵고, 더 나아가 고려 시대의 세련된 문화를 대변한다.

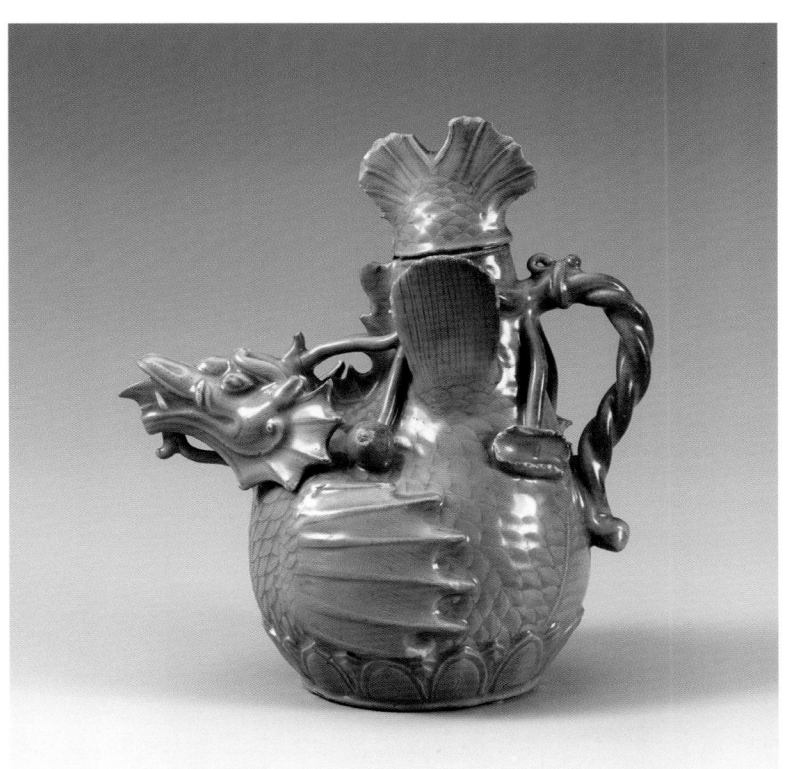

〈청자 어룡형 주전자〉, 고려 11~12세기

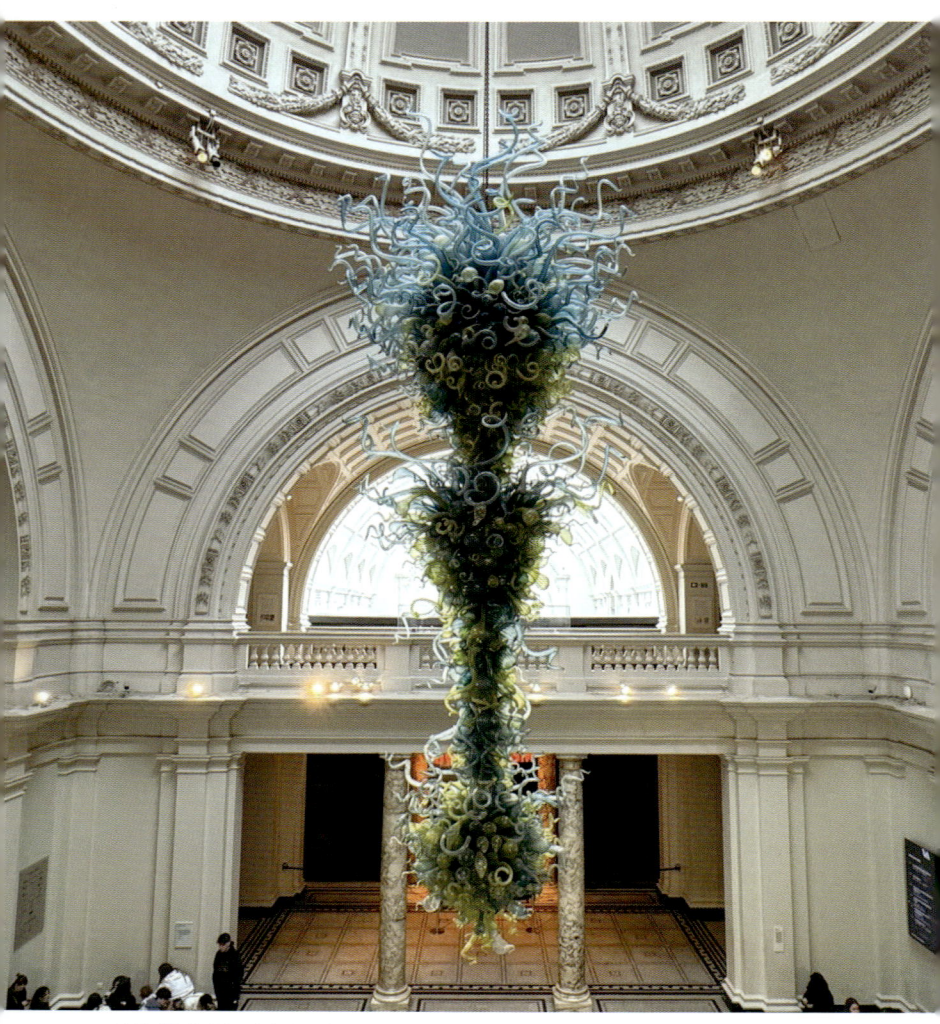

데일 치훌리, 〈빅토리아 앤드 앨버트 박물관 로툰다 샹들리에〉, 2001년

전통적인 공예의 종류를 보자면 도자공예 외에도 유리공예, 섬유공예, 금속공예, 목공예 등이 있다. 오늘날 공예는 다양한 재료, 기술, 실험을 통해 예술과의 경계를 허물며 현대미술의 한 분야로 인정받고 있다. 유리공예의 대가 데일 치훌리는 전통적인 '불어서 만들어진 유리' 기법을 이용한다. '불어서 만들어진 유리' 기법이란 녹아서 엿처럼 된 유리를 금속제 파이프의 한쪽 끝에 묻힌 뒤 다른 한쪽에 입으로 바람을 불어 형태를 만들어내는 기법이다.

치훌리가 2001년 영국의 빅토리아 앤드 앨버트 박물관의 천장에 설치한 〈샹들리에〉는 유기적인 형태, 과감한 크기와 강렬한 색채로 색, 빛, 유리가 결합한 설치미술의 영역에 들어간다. 무엇보다 그의 관심은 미술사에서 위대한 화가들이 일생에 걸쳐 추구했던 '빛'에 있었다. 샹들리에는 원래 기능적인 물건이지만 치훌리의 빛은 관람자들을 극적이고 숭엄하고 거의 다른 세상 같은 환경으로 에워싸는 경험을 만들어준다. 그로 인해 유리공예는 새롭게 현대미술의 중요한 위치에 자리 잡게 되었다.

세계의 미술

미술의 이해에는 회화, 조각, 건축을 감상하는 시각적 경험 외에도 그 시대적 배경이나 사회적 환경에 대한 지식이 필요하다. 우선 미술의 흐름과 각각의 특성, 그리고 미술이 시대를 어떻게 반영하고 있는지를 서양, 아시아, 중남미, 아프리카 미술을 중심으로 간략하게 살펴보자.

1.
서양 고대와 중세 미술:
신과 통치자의 이미지

할리우드 영화에는 신이 심심치 않게 등장한다. 상업화의 물결이 신의 영역까지 침범했다고도 할 수 있지만, 어쨌든 영화 속 신은 인간의 능력으로는 불가능한 일들을 가능하게 하면서 여러 에피소드를 만들어낸다. 신은 초자연적인 힘과 불가해한 자연현상에 대한 탐구가 만들어낸 존재다. 고대에 회화나 조각으로 재현된 신의 이미지는 주로 동물적인 형태나 인간과 동물이 합쳐진 복합적인 형태로, 또는 불길과 같은 초자연적 현상을 동반하면서 표현되어 인간과 분명하게 차별되었다. 신과 인간의 관계에서 신은 인간보다 높은 존재로 동격이 아니었다.

통치자의 이미지 역시 인류 역사상 가장 오래전부터 제

작되어왔다. 고대의 통치자들은 두려움을 불러일으키는 강인한 존재로 표현되었다. 통치자의 조각이나 초상화는 실제 인물을 대신했기에 그 주변에서는 말과 행동을 조심해야 했다. 이집트의 파라오는 통치자이면서 신과 인간의 중간에 위치하고 사후에는 신이 된다고 믿어졌다.

절대 권력의 신격화

파라오의 모습은 기원전 3150년~기원전 3125년경에 제작된 〈나르메르의 팔레트〉에 나타난다(팔레트는 강렬한 태양이 유발하는 눈부심을 막고 눈의 염증을 방지하는 안약을 개는 기능을 하는데, '나르메르의 팔레트'의 경우 의례용이었던 것으로 보인다). 나르메르는 첫 번째 파라오로, 이집트의 높은 지대에 자리 잡았던 상上이집트와 낮은 지대를 차지하던 하下이집트를 통일해 고왕국(기원전 3100년~기원전 2200년)을 세운 인물이다. 높이 약 64센티미터의 이 팔레트는 앞면과 뒷면이 모두 저부조로 새겨져 있다. 앞면 중앙에 가장 크게 재현된 나르메르는 둥글고 긴 상이집트의 흰색 왕관을 쓰고 적을 무찌르는 동작을 하고 있고, 그의 뒤에는 훨씬 작게 그려진 하인이 샌들을 들고 서 있다. 이 장면은 역사적인 장면이라기보다는 성스

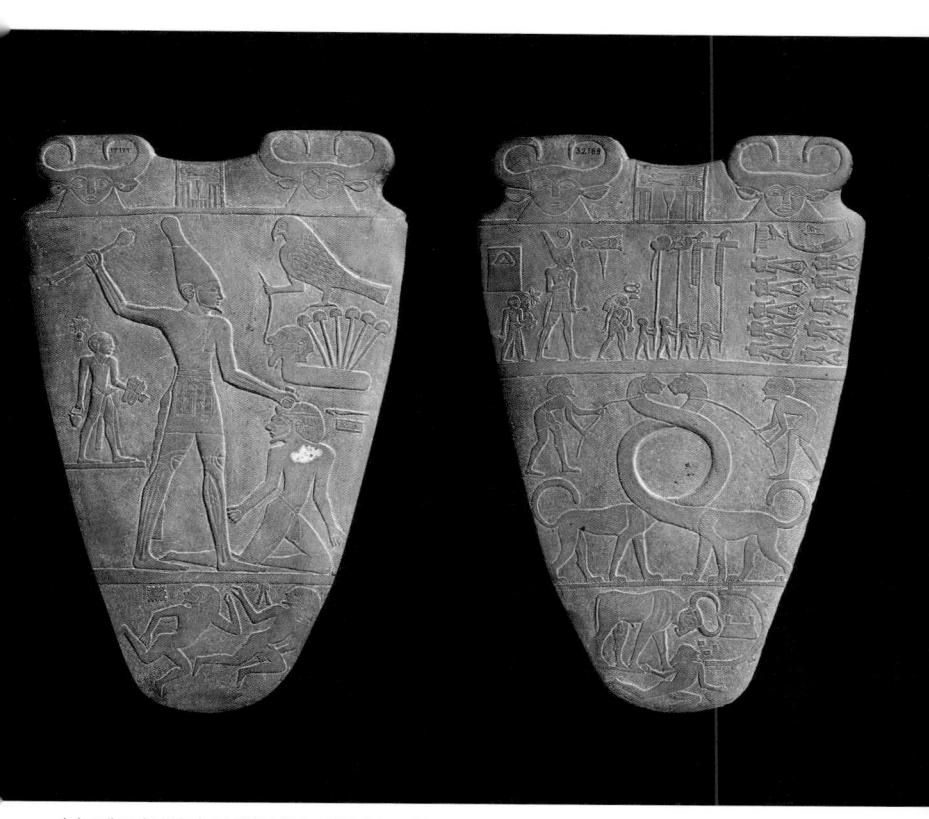

〈나르메르의 팔레트〉, 기원전 3150~기원전 3125년

러운 의식의 재현으로 보인다.

나르메르는 얼굴은 측면, 눈과 양어깨는 정면, 발은 다시 측면에서 본 모습으로 그려져 있어 오늘날 사람을 그리는 방법과 다르다는 것을 알 수 있다. 이집트인들은 인간의 얼굴을 가장 잘 나타내는 부분은 측면이라고 생각한 반면, 눈은 정면에서, 그리고 두 팔과 몸은 정면에서 본 것처럼 처리해야 한다고 생각한 것 같다. 이러한 인간의 모습은 그 후 약 3,000년 동안 지속한 이집트 미술에서 거의 변함없이 하나의 관습으로 굳어졌다. 눈여겨보아야 할 부분은 팔레트의 맨 위에 있는 황소와 나르메르 앞 파피루스에 앉아 있는 매다. 황소는 사랑, 모성, 다산을 관장하는 여신 하토르, 매는 전쟁과 하늘의 신 호로스로, 모두 파라오를 수호하는 신들이다.

통치자의 이미지는 회화나 조각으로 표현하는 것뿐만 아니라 공공장소에 건축적인 형태로 설치함으로써 그 불멸성과 권위를 확보하기도 한다. 파라오의 무덤인 피라미드와 그 앞에 놓인 스핑크스의 부동적이고 압도적인 규모는 보는 사람을 제압하며 그처럼 거대한 형태를 가능하게 한 통치자의 권력과 위력을 느끼게 한다.

인류의 4대 문명은 이집트, 메소포타미아, 인더스, 황허 문명으로 알려져 있다. 그중 메소포타미아문명은 유프라테스강과 티그리스강 유역에 자리 잡은 문명을 말한다. 이곳은 오늘날 중동으로 불리는 이란, 이라크, 쿠웨이트, 튀르키예, 시리아를 포함하는 넓게 퍼져 있는 지역이다. 바람이 세게 불고 강의 깊이가 얕아 홍수가 빈번했던 이 지역에서는 농사를 짓고 정착하기가 어려워 대부분 유목 생활을 했다. 그리하여 한 국가가 오랫동안 지속하지 못하고 흥망성쇠를 거듭하면서 끊임없는 침략과 지배가 연속되었다.

기원전 1792년부터 기원전 1750년에는 메소포타미아를 위대한 통치자가 군림했다. 바로 바빌로니아의 왕 함무라비였다. 함무라비는 법전을 만든 왕으로 유명한데, 그가 만든 법전은 비록 최초는 아니지만 이전에 나온 법전보다 훨씬 체계적인 것으로 평가되었다. 높이가 약 2.3미터인 〈함무라비 비〉의 윗부분에는 함무라비가 법과 정의의 신 샤마쉬에게서 영감을 받거나 그의 인정을 받는 모습으로 나타나고, 나머지 부분에는 법전이 설형문자로 새겨져 있다. 샤마쉬는 황소의 뿔처럼 생긴 관을 쓰고 신전인 지구라트를 의미하는 듯한 치마 비슷한 옷을 입고 있는데, 그의 초인성을 나타

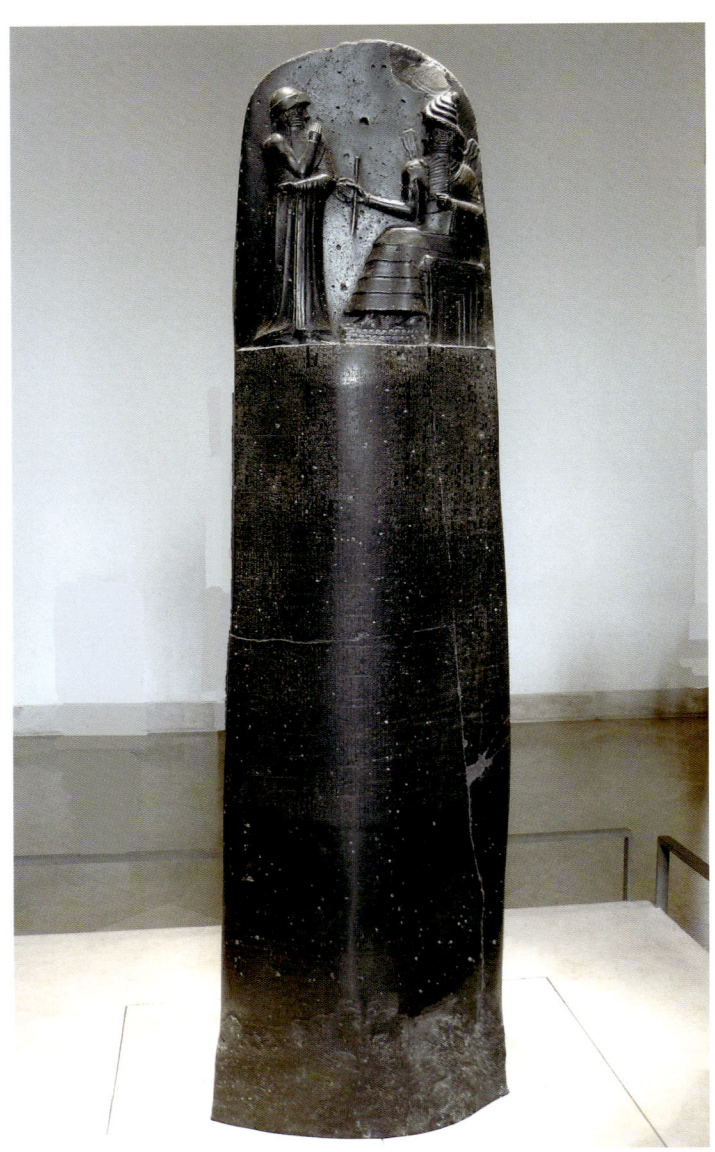

〈함무라비 법전 비석〉, 기원전 1792~기원전 1750년

내는 듯한 불길이 양어깨에서 타오른다. 한 손에는 정의를 재는 자를, 다른 한 손에는 처벌하는 도끼를 쥐고 있다. 둥근 모자를 쓰고 서 있는 함무라비는 앉아 있는 샤마쉬와 대등하게 마주 보고 있다. 신은 아직도 인간보다 크고 두려운 존재였지만 인간의 위상이 향상되었음을 시사한다.

인간 중심적 사고의 등장

고대 그리스 미술에서는 신이 더 이상 초자연적 모습으로 나타나지 않고 인간과 동일하게 나타난다. 그리스신화에서 제우스는 가장 강력한 힘을 지니고 아폴로는 지성과 우아함을 가졌지만, 이들은 인간과 같은 모습을 하고 있을 뿐 아니라 사랑을 하거나 실연을 당하기도 하고 어리석은 일을 하기도 한다. 이들이 인간과 다른 것은 죽지 않는다는 점뿐이다. 그러므로 고대 그리스의 미술 작품에서는 신과 인간을 외형적으로 구별하기가 어려울 때도 있다. 이집트나 메소포타미아에서처럼 신을 두려워하고 인간의 운명은 신에게 달렸다고 생각하던 사고에서 벗어나 신과 인간은 유사한 외형을 가졌다는 인간 중심의 사고를 하게 된 것은 대단한 발전이었다. 고대 그리스에서는 인간은 이성적이며 지적

과정을 통해 자연의 질서를 깨달을 수 있는 능력이 있다고 생각했다. 그러므로 자아가 중요하고 자신을 잘 알게 되면 자연을 깨닫게 된다고 보았다. 여기에서 인본주의, 즉 휴머니즘이 시작된다.

그리스의 인본주의를 계승한 곳은 거대한 제국이었던 로마였다. 로마인들은 자신들은 그리스인처럼 미술에 특별한 재능이 없다고 생각해 창작보다는 그리스 미술품을 수집하는 데 열을 올렸다. 로마인들이 뛰어난 능력을 보인 분야는 넓은 영토를 통치하는 행정력과 건축 공학으로, 공공건물과 신전, 개선문, 수로, 기념주, 사원 등 수많은 건축물을 세워 로마를 명실공히 제국을 상징하는 도시로 만들었다.

로마에서는 여전히 여러 신을 숭배했지만, 신격화된 황제 숭배 사상으로 활발하게 제작된 것은 황제의 조각상들이었다. 로마인들은 두상, 전신상, 또는 기마상으로 제작된 황제의 이미지를 자신들이 정복한 식민지에 놓아 황제 숭배 사상을 유포했다. 로마가 통치하던 지역 대부분의 주민은 황제를 직접 보기 어려웠고, 따라서 이러한 조각을 통해서만 접할 수 있었다.

통치자의 이미지로 가장 선호되었던 것은 권위와 용맹함

이 함께 보이는 기마상이었다. 말 위에 초연하게 올라탄 통치자는 실제 사람보다 더 크고 견고해 보이며 용맹함, 지혜로움에 대한 경외감을 불러일으키기 때문이다. 그러나 수많은 로마 황제의 기마상은 그다지 운이 좋지 않았다. 로마가 멸망하고 기독교가 지배적인 종교가 된 이후 모든 기마상은 이교적인 이미지로 판단되어 파괴되었다. 로마의 카피톨리누스 언덕에 세워져 있었던 〈마르쿠스 아우렐리우스 기마상〉만은 이러한 파괴 행위에서 살아남았는데, 마르쿠스 아우렐리우스를 기독교를 처음 인정한 콘스탄티누스대제로 오해한 기독교도들이 그대로 보존했기 때문이다.

《명상록》을 쓴 철학자이기도 했던 마르쿠스 아우렐리우스 황제는 로마 시민이 입는 토가를 입고 말 위에 올라 왼손에는 지금은 사라진 구球(공처럼 둥근 형체)를 들고 오른손으로는 백성들에게 축복을 베푸는 동작을 하고 있다. 말의 발밑에는 적의 쓰러진 병사가 있었지만, 현재는 남아 있지 않다. 이 기마상을 보면, 로마와 식민지를 형제의 관계로 인식하고 꼭 필요한 경우에만 정벌에 나섰다는 마르쿠스 아우렐리우스 황제조차 정복자의 이미지로 나타난다. 황제는 말과 비교해볼 때 실제보다 더 크게 나타나 있으나 이것은 관람

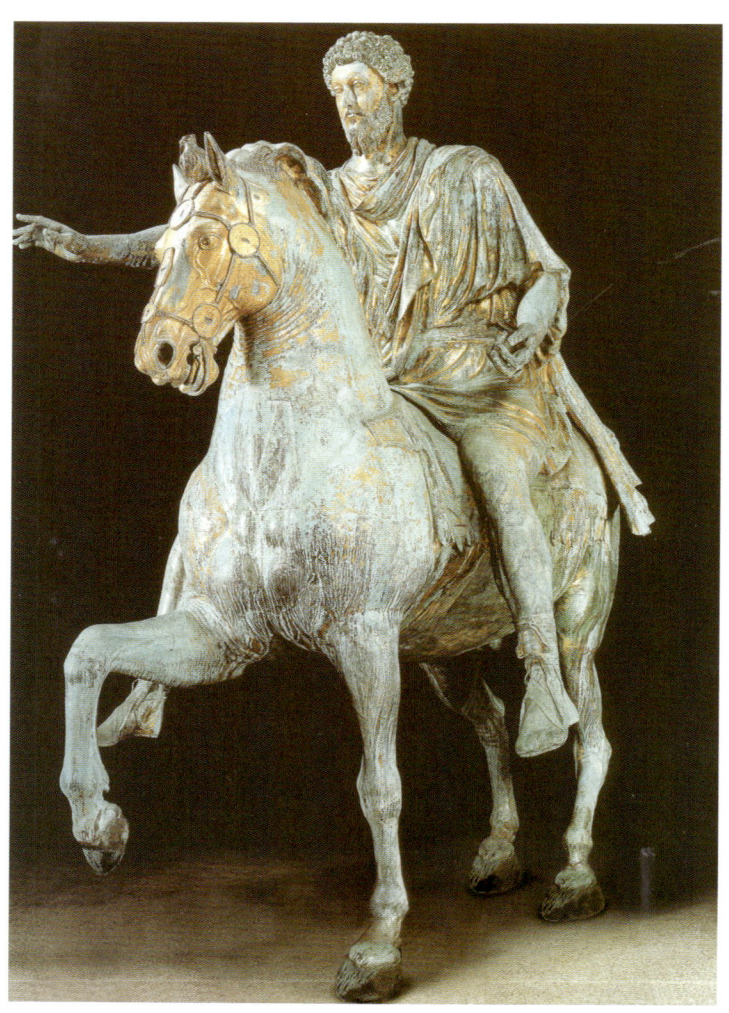

〈마르쿠스 아우렐리우스 기마상〉, 161~180년

자가 아래에서 위를 올려다보는 위치에 있음을 전제로 한 의도에서 비롯한 것이다. 모든 것을 통제하고 지휘하는 황제의 이미지로서 이 기마상은 이후 많은 통치자 초상에 영감을 주었다.

신의 이미지는 조각상뿐 아니라 신전에도 반영된다. 신전은 신의 존재와 본질을 느끼게 하는 공간이었다. 여러 신을 한곳에 모신 로마의 판테온도 건축미와 공학이 융합된 눈부신 성과의 하나이지만, 그리스의 파르테논은 그 아름다움과 장대함에서 가장 사랑받는 신전이다. 파르테논 신전은 당대 그리스 도시국가 가운데서 선도적인 위치에 있던 아테네의 자신감과 힘, 가치관을 나타내는 건축이다. 당시 페르시아와의 전쟁에서 승리한 아테네는 자신의 승리를 군신 아테네의 덕분으로 생각해 파르테논('처녀 여신 아테네의 방'이라는 의미) 신전을 아크로폴리스 언덕에 세웠다.

총감독인 조각가 페이디아스의 주도하에 건축가 칼리크라테스와 익티노스가 세운 파르테논은 동서를 주축으로 한 직육면체의 기하학적 형태로 군신에 걸맞게 강건한 이미지의 도리아식 기둥을 사용하고 있다. 파르테논은 수평적인 축을 가지면서 기단, 기둥, 지붕의 3단계로 나누어진 수직적

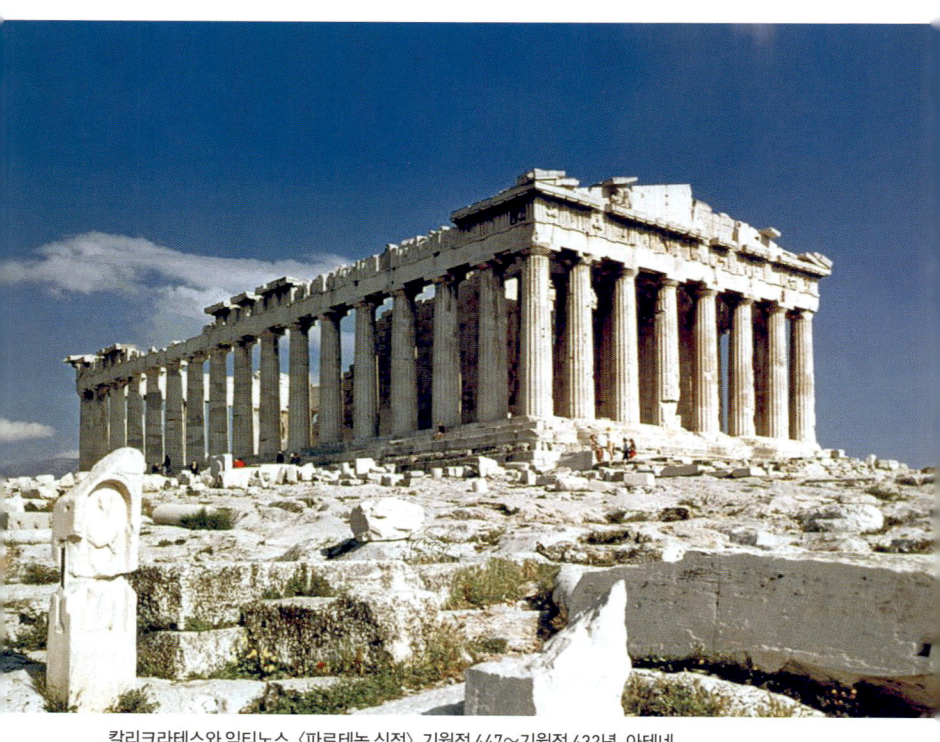

칼리크라테스와 익티노스, 〈파르테논 신전〉, 기원전 447~기원전 432년, 아테네

구분과 완벽한 질서와 조화를 이룬다. 아테네 어디에서나 파란 하늘을 등지고 보이는 흰 대리석의 파르테논 신전은 그 간결한 조형성, 부분과 부분, 부분과 전체의 명확한 관계에서 궁극적으로는 조화로운 우주의 질서를 나타낸다.

천국을 염원한 성당 건축

중세에 들어와 신의 진리를 상징하는 공간은 고딕 성당이었다. 12세기 중엽 프랑스에서 시작해 유럽 전역에 퍼지기 시작한 고딕 성당은 영광스러운 진리와 믿음을 상징하면서 날아오르듯 위로 치솟았다. 하느님의 집이었던 고딕 성당은 그 자체가 우주였고 천국의 상징이었으며, 눈에 보이지 않는 전지전능한 신성을 느낄 수 있는 곳이었다. 프랑스 샤르트르에 있는 샤르트르 대성당에서 보듯이 광대한 공간과 높은 천장, 특히 스테인드글라스를 통해 들어오는 신비로운 광선은 신이 자신을 드러내는 방법이었다. 중세인들은 점점 더 높이 성당을 지음으로써 하느님에게 더 가까이 도달할 수 있을 것이라는 믿음을 가졌다. 이러한 대규모의 건축이 가능했던 것은 12세기에 들어서면서 유럽이 경제적, 정치적으로 안정되고 노동이 조직화되었으며 건축가들이 새로운 공법을 개발했기 때문이다.

중세의 기독교 사회에서 그리스의 인본주의 사상은 사라져버렸다. 인체는 이제 욕망의 근원으로 간주되었다. 영혼과 정신은 육체와 분리되었고, 정신은 영원하다고 믿어졌지만 육체는 죄악시되었다. 원죄를 지은 인간은 속세에서 믿음을 가지고 열심히 생활해야만 구원받을 수 있는 처지가 되었다. 인간은 약하며 기독교의 영감 없이는 신의 진리를 이해할 수 없다고 여겼다. 그래서 중세 미술에서 보이는 인간의 이미지는 신체의 아름다움을 거부하듯 딱딱하고, 왜곡되어 있다.

중세 미술에 나타난 기독교의 신, 즉 하느님이나 그리스도를 재현한 조각이나 회화는 성직자나 귀족을 제외하고는 대부분 문맹인 신도들이 교리를 쉽게 이해하도록 하기 위한 목적에서 제작되었다. 거의 모든 중세의 교회 건축가나 조각가는 이름이 알려지지 않은 데 반해, 1135년에 건립된 프랑스 오툉에 위치한 생라자르 대성당은 예외적으로 기슬레베르투스라는 조각가의 이름이 팀파눔에 새겨져 있다. '팀파눔'이란 신자들이 교회로 들어가는 서쪽 정문 윗부분을 말하는데, 이곳에는 주로 최후의 심판 장면이 많이 새겨

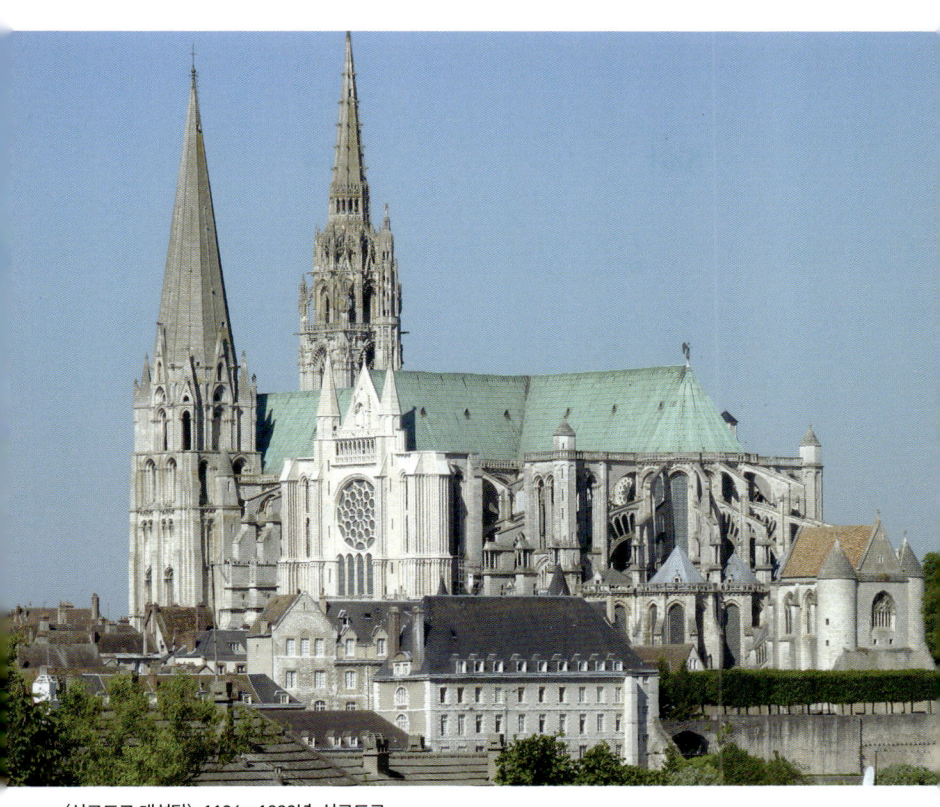

〈샤르트르 대성당〉, 1134~1220년, 샤르트르

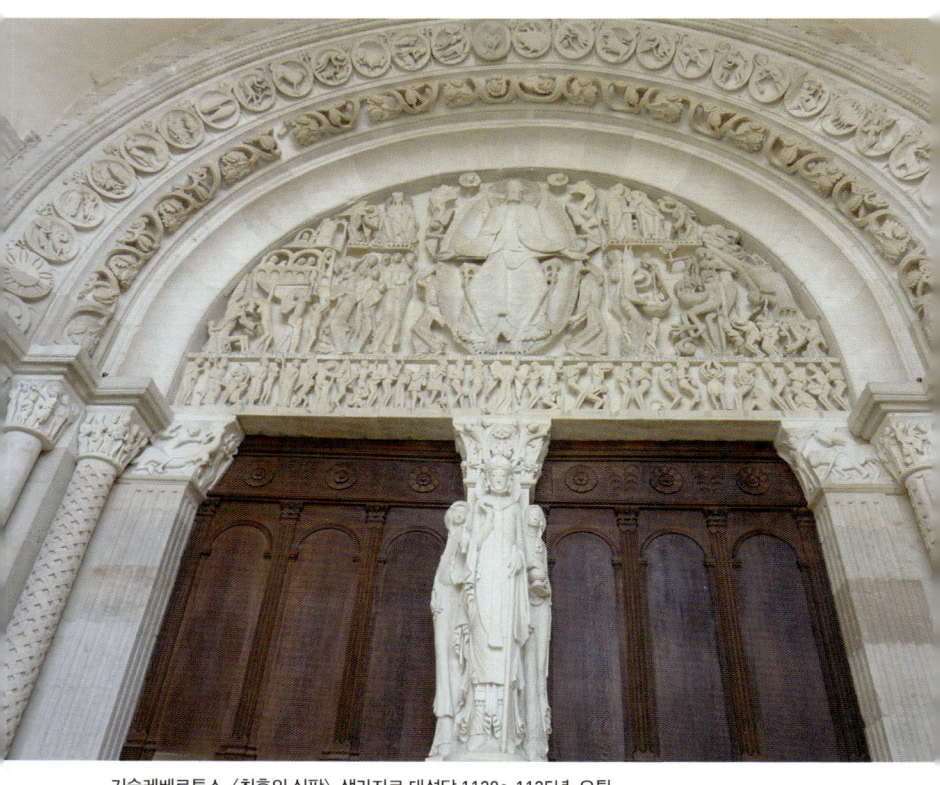

기슬레베르투스, 〈최후의 심판〉, 생라자르 대성당 1120~1135년, 오툉

져 있다. 일종의 경고의 의미가 있는 것이다.

생라자르 대성당의 팀파눔에 있는 〈최후의 심판〉에서 중앙의 그리스도는 다른 사람들보다 훨씬 크고 정면 부동의 자세로 재현되어 끝이 뾰족한 타원형의 후광에 둘러싸여 있다. 신체는 길게 왜곡되어 있고 평면적으로 처리되었는데 이러한 비非사실성은 오히려 그를 신비스러운 신성으로 나타나게 한다. 그리스도는 최후의 심판을 진행하면서 선한 영혼과 죄 많은 영혼을 구별하고 있다. 선한 영혼은 팀파눔의 왼쪽(그리스도의 오른쪽), 그리고 죄 많은 영혼은 오른쪽(그리스도의 왼쪽)에 보인다. 세부를 살펴보면 천사들은 저울로 영혼의 무게를 재고 있고, 팀파눔 맨 아랫부분에 있는 지옥 장면에서는 악마들이 저주받은 영혼이 떨어지기를 기다리고 있다.

중세 조각가들은 종교적인 작품을 제작할 때는 관례적인 도상에 맞추어야 했지만, 지옥 장면에서만큼은 어느 정도 상상력을 발휘할 수 있었다. 그러므로 중세 미술에서 가장 흥미로운 장면은 지옥 장면이기도 하다. 생라자르 대성당의 팀파눔에서는 천상과 현실 세계, 죄지은 자와 구제된 자의 세계가 분명하게 구획되어 기독교 우주의 질서가 나타난다.

2.
르네상스에서 바로크 미술까지:
신의 세계에서 인간의 세계로

기독교를 중심으로 약 1,000년 동안 지속한 중세에서 그동안 이교로 여겼던 그리스와 로마의 문헌과 휴머니즘이 조금씩 발견되고 논의되면서 인간과 인간의 조건에 관한 관심이 다시 일어난 것은 14세기 무렵부터다. 르네상스Renaissance(새롭게 태어난다는 의미) 문화가 탄생하게 된 것이다.

르네상스에서는 인간은 신이 만든 창조물이며 인간의 지성은 모든 것을 발견할 수 있는 능력이 있다고 보았다. 르네상스는 역사, 경제, 예술 등의 여러 측면에서 논의될 수 있지만 아주 중요한 성과의 하나는 과학이었다. 르네상스 미술가들은 물리적인 자연 세계를 실제로 관찰하고, 그때까지 정신세계에 집중하는 바람에 잊고 있던 자연의 아름다움에 매혹되었다. 그리고 이 세계를 보이는 그대로 그리거나 조각하기 위해 원근법을 착안하고 적용했다. 기독교는 아직도 모든 것의 중심이었으나 휴머니즘의 고전 문화와 융합되었다. 종교화에서는 신의 세계가 인간의 세계와 혼합되어 신성과 인성을 동시에 느끼게 해준다. 이것은 궁극적으로 종교화가 세속화되어감을 의미하는 것이기도 했다. 이 시기의 휴머니즘이란 단순히 인간에 관한 관심을 넘어 '개인'에 대한 관심이기도 했다. 한 개인의 활동과 인생에 관심을 가지면서 많은 자서전이 쓰였고, 개인의 초상화뿐 아니라 특정 인물의 기마상이 곳곳에 세워졌다.

보는 그대로의 세계

중세 미술에서 르네상스로 넘어가는 과정에서 중요한 역할을 한 화가는 조토 디 본도네였다. 그는 중세의 상징적이고 평면적인 회화에서 벗어나 인간을 감정과 성격을 가진 한 개인으로 표현하고자 했다. 조토는 원래 양치기였다고 하는데, 치마부에라는 화가가 그의 뛰어난 능력을 보고 제자로 삼았다. 어느 날 조토가 자신의 작품에 파리를 그렸는데 치마부에가 파리를 날려 보내려고 여러 번 손을 휘저었다는 일화도 있다. 이런 일화는 그가 묘사에 뛰어났다는 사실을 알려준다.

이탈리아 파도바에 있는 아레나 예배당의 프레스코 벽화 〈애도〉에서 조토는 그리스도의 죽음을 슬퍼하는 성모 마리아, 막달라 마리아, 제자들과 아기 천사들의 모습을 강렬한 표정과 다양한 동작으로 그렸다. 각 인물은 강한 명암 대조로 무게감을 가지며 공간 속에 명확하게 자리 잡고 있다. 하늘은 영원한 진리를 상징하던 중세의 황금색 배경에서 벗어나 실제 보이는 그대로 파랗게 묘사되었다. 이러한 조토의 미술은 회화란 이 세계를 보는 그대로 사실대로 그리는 것이라는 새로운 방향을 예고하는 것이었다.

이탈리아 초기 르네상스의 거장은 조각가 도나텔로였다. 그는 피렌체의 오르산미켈레 교회 벽감에 놓일 〈성 게오르기우스〉를 제작했다. 성 게오르기우스는 용의 제물이 된 공주를 구하기 위해 긴 창으로 용을 무찔러 제압했다고 알려진 성인이다. 성 게오르기우스의 젊고 건강하며 균형 잡힌 신체 비례는 마치 그리스의 이상적인 인간상이 다시 살아난 것 같다. 그리스 조각과 차이가 있다면 성 게오르기우스에게서는 개인의 성격이 강하게 느껴진다는 점이다. 원래

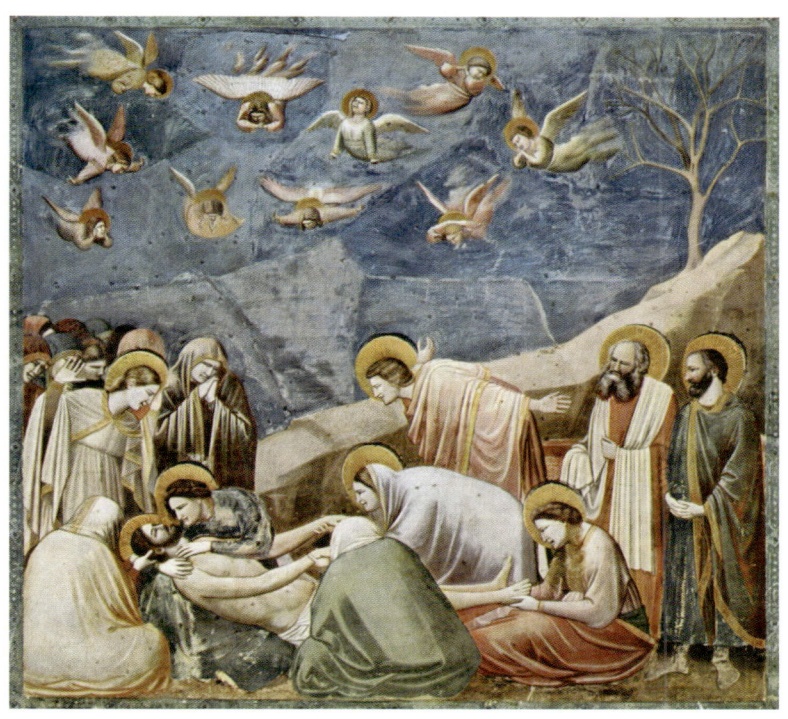

조토 디 본도네, 〈애도〉, 1305~1306년

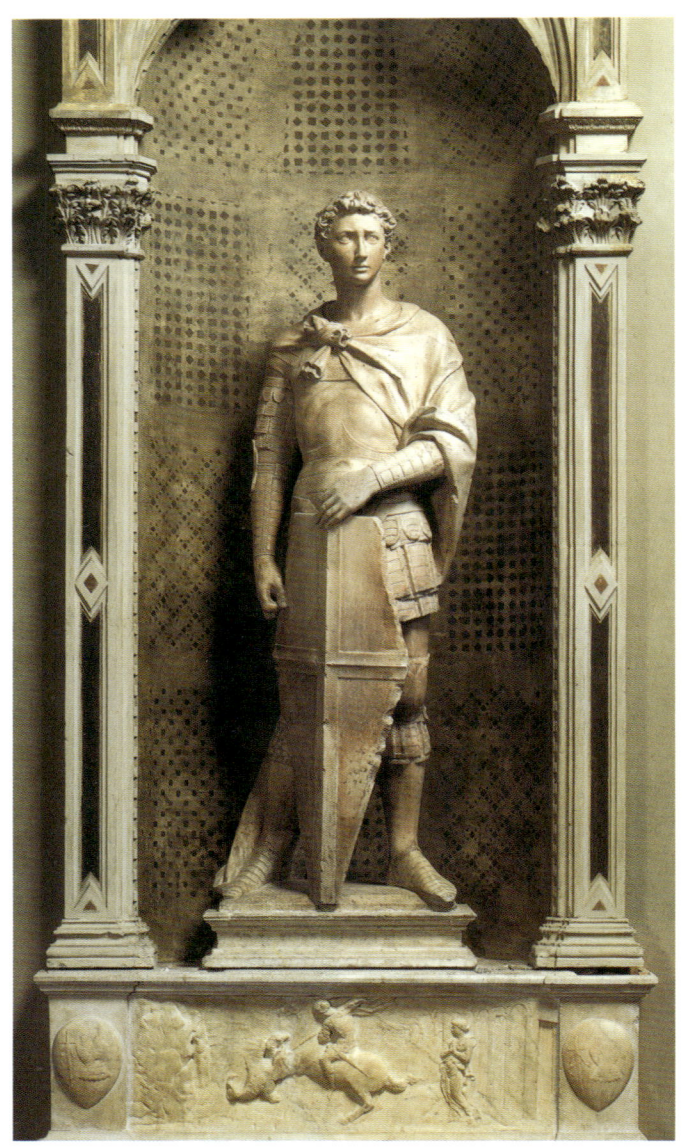

도나텔로, 〈성 게오르기우스〉, 1415~1417년

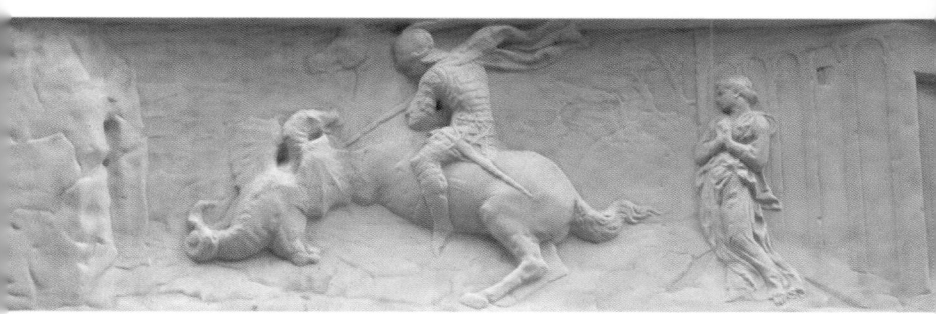

도나텔로, 〈성 게오르기우스와 용〉, 1415~1417년

군인으로 갑옷과 무기의 수호성인인 성 게오르기우스는 생동감 있는 자세와 적의 공격을 경계하는 듯 결의에 찬 얼굴로 오만하게 주위를 돌아보고 있다. 한층 흥미로운 부분은 조각 아랫부분에 새겨진 저부조다. 말을 탄 성 게오르기우스는 용의 동굴 앞에서 용을 무찌르는데, 배경에 보이는 건물이나 나무가 있는 풍경에 처음으로 체계적인 원근법이 적용되어 있다. 이 부조는 마치 돌 위에 그린 한 폭의 인상주의 그림과 같이 사실적이다.

르네상스 미술의 전성기는 네 명의 대가인 레오나르도, 라파엘로, 미켈란젤로, 티치아노가 활약하던 16세기 초에 약 20년간 지속되었다. 라파엘로 산치오는 강렬한 개성이 있는 화가는 아니었지만 다른 대가들의 작품에서 필요

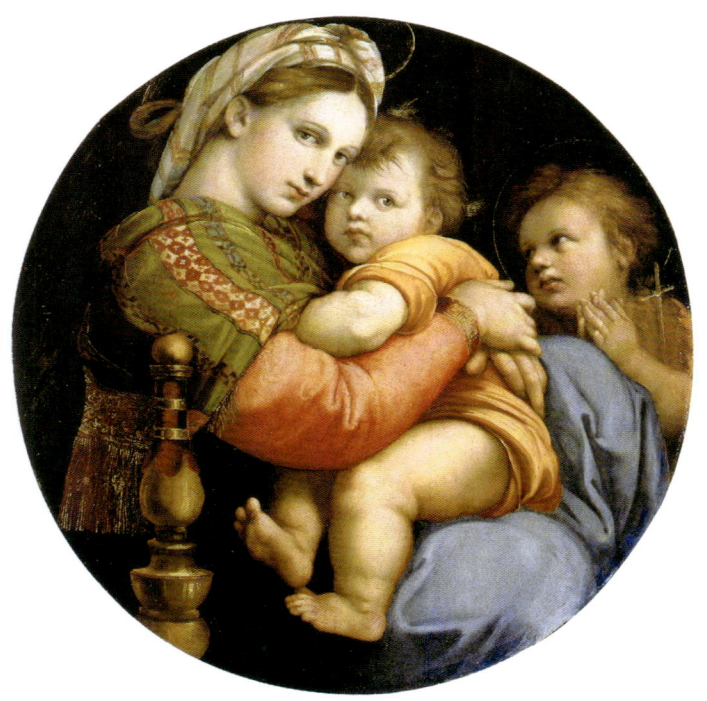

라파엘로 산치오, 〈의자에 앉은 성모 마리아〉, 1514년

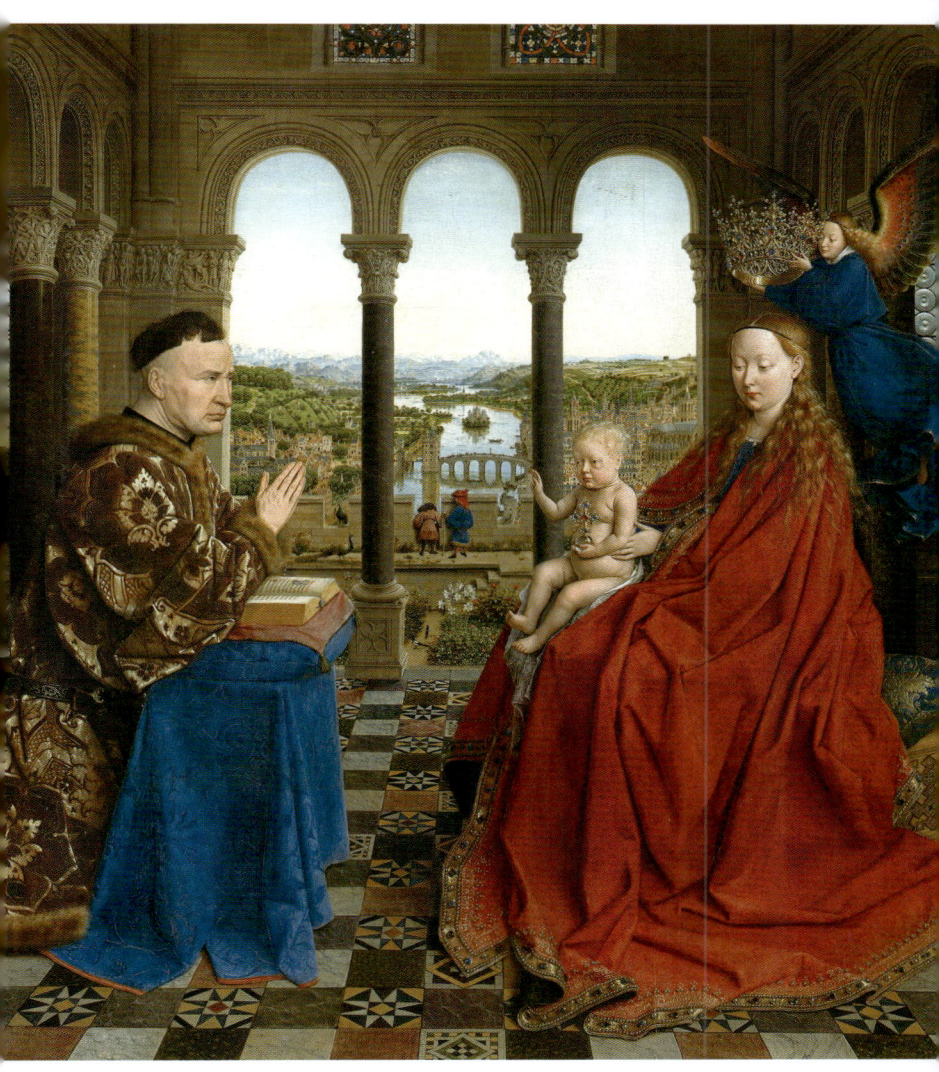

얀 반 에이크, 〈성모와 재상 롤랭〉, 1435년

한 요소를 수용하고 종합하는 능력이 탁월했다. 그는 화음과 조화를 이상으로 하는 르네상스 회화를 가장 잘 대변하는 화가였다. 라파엘로가 그린 〈의자에 앉은 성모 마리아〉는 다정하면서 편안한 모성을 나타낸다. 삼각형 구도로 자리 잡은 마돈나, 아기 그리스도와 세례 요한이 원형의 프레임 안에 안정감 있고 짜임새 있게 구성되어 있다. 라파엘로의 마돈나상은 성스럽지만 초인적이기보다는 친근하고 따뜻한 인간적인 모습을 보인다. 마리아가 아기 예수를 부드럽게 포옹하는 모습은 인간 문화의 기본인 모성애와 같은 영원성을 나타낸다. 라파엘로는 생애에 약 17점의 성모자상을 그렸는데, 모두 섬세하고 부드러운 색채감과 조화로운 구성으로 르네상스 미술을 대표하면서 후세대에 큰 영향을 주었다.

르네상스 미술은 이탈리아에서 시작해 북유럽으로 퍼져 나갔다. 여기서 북유럽이란 주로 독일, 프랑스, 그리고 플랑드르로 알려진 현재의 벨기에 북부 지역을 말하는데, 대표적인 미술가로는 플랑드르의 얀 반 에이크와 대★ 피터르 브뤼헐, 독일의 알브레히트 뒤러와 한스 홀바인 등이 있다. 주산업 분야가 양털과 섬유였던 플랑드르의 화가들은 세밀

하게 묘사된 대상과 물질에 큰 관심을 가지고 있었다. 얀 반 에이크의 〈성모와 재상 롤랭〉은 한 번에 다 훑어볼 수 없을 만큼 매력적인 세부 묘사들로 가득 차 있다. 천국의 궁전으로 묘사된 공간에 이 그림을 의뢰한 롤랭이 기도자의 자세로 성모 마리아와 아기 그리스도를 마주하고 있다. 그림을 보는 사람은 깊고 선명한 색채와 반짝이는 보석, 우아한 의상의 질감, 그리고 저 멀리 정교하고 정확하게 묘사된 도시 풍경 등에서 천국과 세속의 세계를 한눈에 바라보는 듯 시각적으로 매혹당한다.

'불완전한' 진주의 시대

유럽의 17세기는 격동의 시기였다. 교황을 중심으로 하는 종교적인 권위보다는 왕과 귀족들의 세력이 강화되고, 국가 간 경쟁이 심화하면서 다양한 미술이 전개되었다. 특히 프랑스, 스페인, 플랑드르, 영국이 새로운 문화의 중심지로 떠오르면서 시각 미술은 강력한 권력과 부를 축적한 절대주의 왕과 귀족들을 영광스럽게 만들어주는 매체가 되기도 했다.

1600년경 이후 18세기 중반에 이르는 이 시기가 바로 바로크Baroque와 로코코Rococo 시대다. 원래 '바로크'라는 용어는 불규칙한 형태의 진주를 가리키는 'baroco'에서 유래되었는데, 완벽한 고전 양식을 추구한 르네상스를 기준으로 보면 바로크 양식이 불완전하고 괴기스럽다는 의미였다. 그러나 이러한 부정적인 시각은 근대 이후 달라졌으며, 바로크는 르네상스 양식을 더 장엄하고 극적으로 전개한 새로운 시대였다고 평가된다. 로코코는 바로크 양식과 분리해 이야기할 수도 있지만 사실은 바로크 양식이 부드러워지는 마지막 단계라고 볼 수 있다.

바로크 미술가들은 대체로 전체의 복합적인 효과를 강조하고 역동적인 힘과 자연스러운 동작, 그리고 감정적이거나 격렬하고 순간적인 상황을 묘사하는 데 뛰어난 재능을 보였다. 바로크 양식은 유럽의 지역마다 조금씩 다르게 전개되었다.

누구보다도 가장 전형적인 바로크 양식을 보인 미술가들은 이탈리아의 조반니 로렌초 베르니니와 플랑드르의 페테르 파울 루벤스였다. 루벤스는 르네상스의 인본주의를 계승하고 인간의 지성에 믿음을 가졌으며, 인체는 도덕적 완벽함을 상징한다고 생각했다. 그러면서도 그는 플랑드르 미술의 전통인 자연 관찰을 이어갔고, 고전주의와 사실적인 세부 묘사를 융합하는 절충적인 양식을 만들어냈다. 고전에 대한 해박한 지식을 갖추고, 사교적이기도 했던 루벤스는 프랑스와 스페인 왕을 비롯한 많은 유력자의 후원을 받은 당시 유럽 최고의 화가였다.

루벤스가 그린 유명한 작품은 '마리 드 메디치' 연작이다. 피렌체의 메디치 가문에서 온 마리는 프랑스 왕 앙리 4세와 결혼했는데, 루벤스에게 자신의 생애를 24점의 캔버스에 그려달라고 의뢰했다. 한 왕비의 일생이 24점이나 되는 대형 캔버스에 그릴 만하냐는 생각도 들지만, 여하튼 루벤스의 그림은 의뢰인을 크게 만족시켰다. 그 24점 중 하나가 〈마리 드 메디치의 마르세유 상륙〉이다.

이 작품은 마리가 마르세유 항구에 도착하는 장면을 그린 것으로, 하늘에서는 천사들이 트럼펫을 불고 바다에서는 바다의 신 포세이돈과 율동적이고 풍만한 바다 요정들이 축복하면서 흥분된 분위기를 조성하고 있다. 루벤스는 특유의 따뜻하고 감각적인 색채, 밝음과 어두움의 극적인 대조와 역동적인 구성으로 인간과 신화적 인물, 그리고 천사들이 함께하는 장엄한 드라마를 만들어내고 있다. 이 결혼은

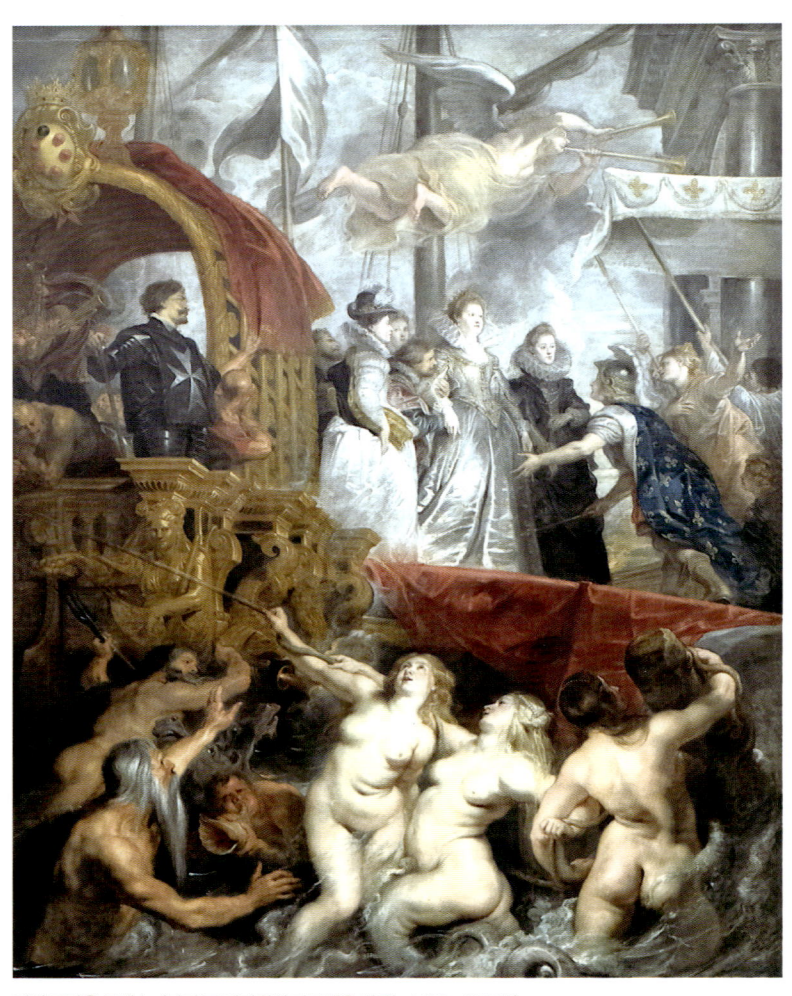

페테르 파울 루벤스, 〈마리 드 메디치의 마르세유 상륙〉, 1622~1623년

사실 정략적이었고, 마리는 앙리 4세가 암살당하자 1610년부터 1617년까지 섭정하면서 메디치 가문의 영향력을 프랑스에서 확립하려 했다. 루벤스는 이 연작에서 마리 드 메디치를 신에게서 부여받은 권력과 프랑스 왕권을 이어가는 정당한 계승자의 모습으로 나타냈다. 시각 미술이 후원자를 영광스럽고 권위 있게 묘사하는 이런 예는 오늘날 관점에서 보면 이미지 정치의 하나였다고 할 수 있다.

조각가이자 건축가였던 베르니니 역시 고전주의 전통을 이어가면서 바로크 특유의 긴박감 넘치는 드라마를 창조했다. 로마의 산타 마리아 델라 비토리아 성당에 있는 〈성녀 테레사의 황홀감〉은 화려한 색채의 대리석으로 꾸며진 예배당 전체가 극장과 같고, 조각과 건축이 분리될 수 없는 하나의 작품이 된다. 제단 뒤에 있는 이 작품은 천사가 하늘에서 내려와 조그마한 황금빛 창으로 성녀의 가슴을 찌르는 장면을 보여준다. 베르니니는 천사나 성 테레사의 피부, 날개, 구름 등을 감각적으로 뛰어나게 조각했지만, 이 드라마의 정점이 되는 지점은 하느님의 성흔을 입은 성녀 테레사가 신과 연결되는 순간의 황홀한 표정이다. 이 조각은 지침대가 보이지 않아 구름 위에 떠 있는 듯이 보이고 위에서 황

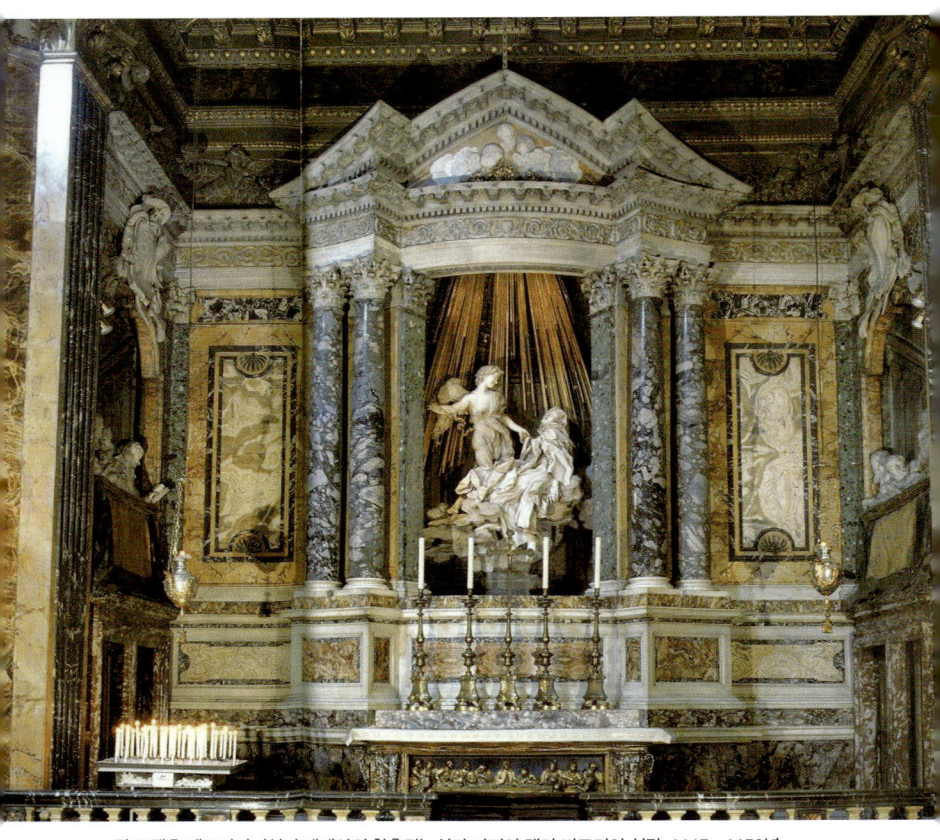

잔 로렌초 베르니니, 〈성녀 테레사의 황홀감〉, 산타 마리아 델라 비토리아 성당, 1647~1652년

금빛 광선이 내려오면서 성녀 테레사는 정신적으로 또 육체적으로 완전히 녹아버리고 있는 듯하다.

전체 장면은 무대처럼 보이도록 설계되었고 양쪽 발코니에는 이 작품을 의뢰한 코르나로 가문 인물들의 조각이 놓여 이 장면을 직접 목격하는 듯 연출되었다. 관람객 역시 이 장면에 참여하고 직접 보는 듯한 느낌을 받는다. 보는 사람에게 작품 속에 함께 있는 듯한 착각을 일으키는 이러한 방법은 바로크 미술의 특징 중 하나였다.

시민 계층의 등장

17세기에는 국가 간 교류가 활발해졌지만, 정치와 종교가 달라 전쟁도 잦아졌다. 스페인의 작은 식민지였던 네덜란드는 80년간의 치열한 항쟁을 통해 1648년 독립을 쟁취하고 점차 경제적, 정치적 세력을 갖추기 시작했다. 신교인 칼뱅 교도가 다수였던 네덜란드에서는 교회에 회화나 조각 장식을 하지 않아 종교적 주제의 미술이 거의 제작되지 않았다. 이곳의 미술 후원자는 부유한 상인과 시민 계층이었다. 극적인 종교화나 화려한 궁정 미술보다는 자신들의 모습을 그린 초상화나 집에 걸어놓고 즐길 수 있는 크기의 풍경화 또는 세속적인 생활을 그린 작품이 인기였다.

중요한 화가로는 델프트에서 약 34점의 작품을 남긴 요하네스 페르메이르를 들 수 있다. 생업이 화상이었던 그는 그림을 팔려고 그린 것이 아니었다. 따라서 당시에는 그렇게까지 이름이 알려진 화가는 아니었으나 19세기 후반에 재발견되었다. 그의 작품은 대개 중산층이 사는 실내를 그린 소품들이다. 〈물 주전자를 쥐고 있는 여인〉은 한 여인의 일상적인 장면을 그린 작품이다. 페르메이르는 인체나 심리적인 표현보다 빛에 관심이 있었다. 그는 창문으로 들어온 광선이 어떻게 인물과 대상을 비추고 또 반사하는지를 정밀하게 관찰하고 묘사했다. 실내 공간 구성은 은빛 같은 차가운 광선에 의해 하나가 된다. 그의 인물들은 평범한 집안일을 하고 있지만 꿈에 나오듯이 한가롭고 신비스러우면서 시적이다. 그의 작품은 같은 시대에 활약한 루벤스나 베르니니와는 달라 바로크미술의 다양성을 보여준다.

이 무렵 국력이 크게 신장한 프랑스에서는 형식미와 절제미의 고전주의를 선호했다. 그러나 루이 14세가 죽은 이후 왕권이 약해지면서 장엄함과 화려함은 생기를 잃고 있었다. 귀족들이 자신의 부를 누리기 시작하면서 사교 모임이 열

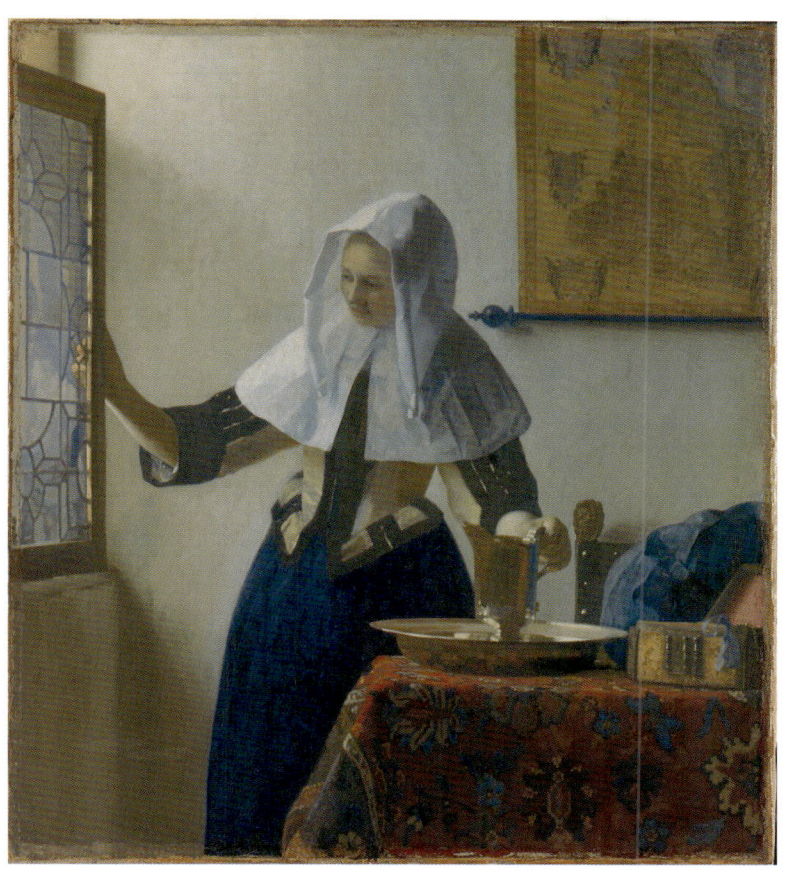

요하네스 페르메이르, 〈물 주전자를 쥐고 있는 여인〉, 1660~1662년

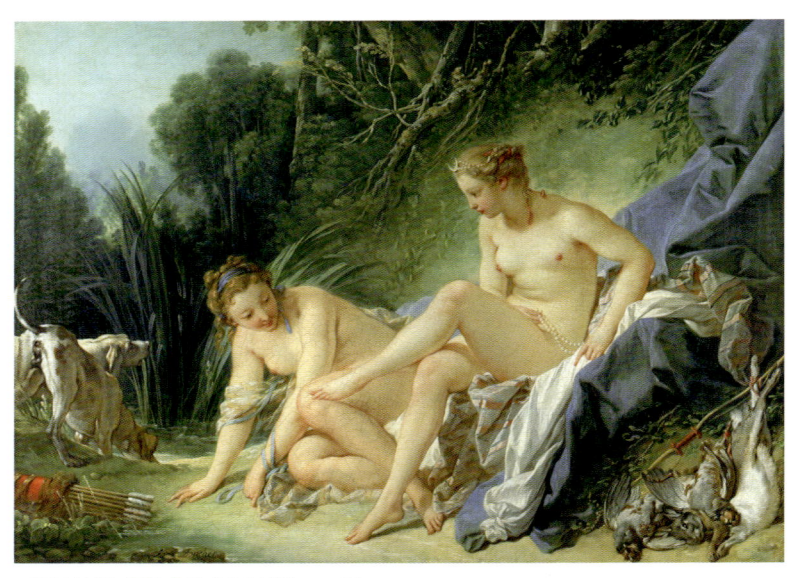

프랑수아 부셰, 〈목욕 후의 디아나 여신〉, 1742년

리는 살롱 실내에는 은빛이나 연두색 등 파스텔 색채를 주조로 하는, 섬세하고 즐거운 느낌을 주는 장식이 적극적으로 사용되었다. 로코코양식으로 불리는 이 시기의 대표 화가는 프랑수아 부셰였다. 부셰가 그린 〈목욕 후의 디아나 여신〉은 자연을 사랑하는 사냥의 여신 디아나가 시녀와 함께 있는 장면을 그렸다. 따뜻하고 풍요로운 인체와 녹음이 우거진 풍경을 잘 그린 부셰는 이 작품에서도 능력을 충분히 발휘했다. 그는 율동적인 선, 다양한 붓 구사, 질감 표현으로 세련되고 물질적인 사치에 대한 즐거움을 표현한 화가였다. 이 그림은 신화가 주제이지만 사실상 왕실과 사교계의 취향을 잘 반영한다.

3.
근대미술: 시민 사회의 삶을 그리다

근대로 향하는 유럽은 18세기 후반에 커다란 변화를 맞게 된다. 1789년에 일어난 프랑스대혁명은 권력의 이동뿐 아니라 거의 모든 제도와 관습을 무너뜨려 근대사회로 넘어가는 기폭제가 되었다. 미술계도 과거의 전통에서 과감하게 탈피해 새로운 표현의 범위와 방법을 추구하게 되었다.

프랑스대혁명과 낭만주의

프랑스의 화가 외젠 들라크루아를 비롯해 새롭게 등장한 미술가들은 합리주의와 고전주의에 반발했다. 이제까지 하나의 규범이었던 고전주의의 이성과 관습보다는 격렬함, 경이감, 무서움 등 머리보다 가슴으로 느끼는, 직관적이고 주

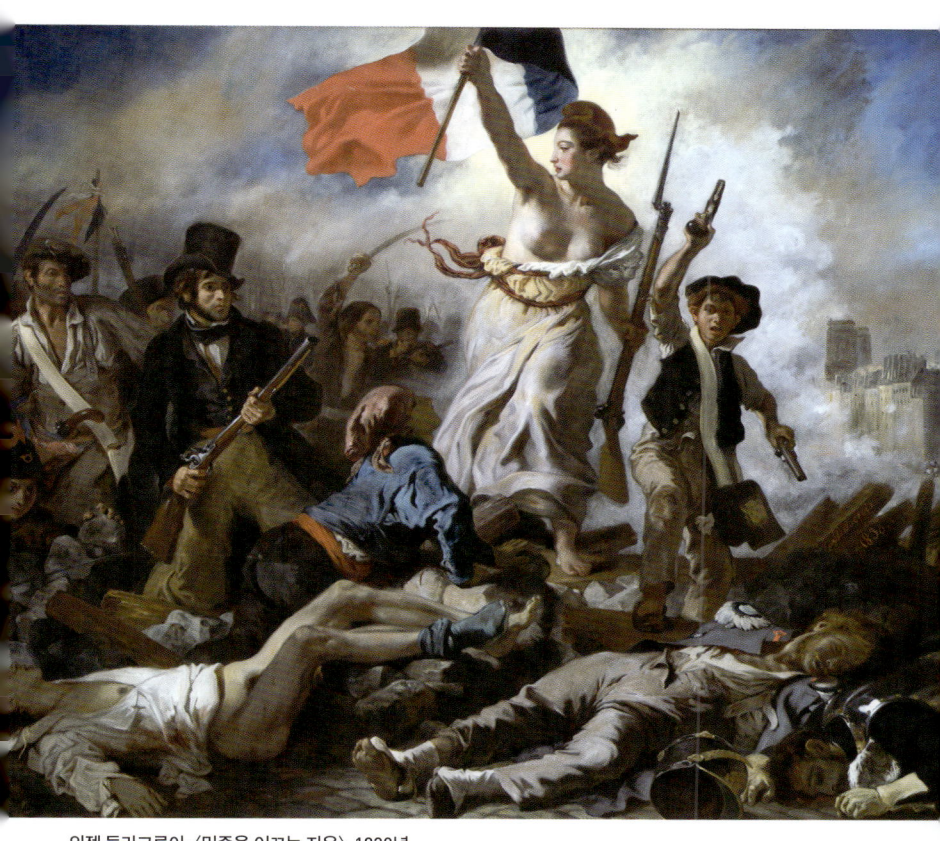

외젠 들라크루아, 〈민중을 이끄는 자유〉, 1830년

관적인 감정을 강조하는 낭만주의가 시작되었다.

〈민중을 이끄는 자유〉는 들라크루아가 신화나 역사, 또는 종교적인 주제에서 떠나 그 시대의 사건을 다루었다는 점에서 새로운 시도였다. 이 그림의 주제는 1830년 부르봉 왕정을 무너뜨린 7월 혁명이다. 화면은 삼각형 구도로 중심에 있는 여성은 프랑스와 자유를 상징한다. 노트르담 대성당이 멀리 보이는 가운데 연기와 열기 속에서 공화국을 나타내는 파랑, 하양, 빨강의 삼색 국기, 혁명에 참여한 노동자, 지식인들과 어린 소년, 죽은 사람과 죽어가는 사람들의 모습은 시각적인 흥분감과 감정적 반응을 끌어낸다.

낭만주의 미술은 특히 자연과의 교감을 중요시하면서 풍경화를 독자적인 영역으로 발전시켰는데, 중요한 화가는 영국에서 나왔다. 존 컨스터블은 낮은 평원과 시냇물, 그리고 검푸른 나무가 우거진 영국 특유의 풍경을 그렸다. 그의 그림에서는 웅장하고 변함없는 자연의 견고함과 시시각각으로 변하는 변화무쌍함이 공존하고 있으며, 신선한 색채로 반짝이고 생동감 있는 자연에 대한 낭만적인 반응이 엿보인다. 이는 자연을 지성적으로 이해해온 이전의 풍경화와는 확연히 다른 새로운 개념이었다. 한편 조지프 M. 윌리엄 터

너는 자연의 대기와 물, 불과 같은 비물질적 요소를 추상적 색채와 형태로 변형했다. 대담하게 밝고 강렬한 색채와 자유분방한 붓 처리가 보이는 그의 작품에서는 태초의 혼란을 상상하게 하는 격렬한 힘과 에너지가 드러난다. 그의 그림은 두려우면서 넋을 잃게 하는 광대한 자연의 장엄함이 인간 지성의 이해 밖에 있음을 일깨우는 것 같다.

인상주의와 아름다운 시절

19세기 중반에 접어들면서 유럽인의 생활에 가장 직접적인 변화를 불러온 것은 산업혁명의 성과였다. 산업혁명 이후 수공업은 기계로 대체되었고, 표준화와 대량생산 등으로 생산 설비가 조직화되었다. 프랑스 파리의 경우, 1800년경 50만이었던 인구는 1900년에는 250만으로 급증했다. 도시가 커지고 공장이 들어서면서 노동자 계급이 형성되었고, 도시 주변에는 영세민들의 주거지역이 늘어났다. 경제가 도시로 집중되면서 파리의 중산층 시민들은 다른 어느 세대보다도 물질적인 행복을 누릴 수 있었다. 대대적인 도시계획에 의해 만들어진 넓은 대로나 공원, 광장 그리고 오락 시설이 늘어나면서 이들은 거리를 산책하거나 카페나 해변에서 한가롭게 여가를 즐겼다.

이런 배경 속에 등장한 미술가들이 인상주의 화가들이었다. 에두아르 마네를 비롯한 인상파 화가들은 전통적인 방법으로는 변화하는 사회의 감각과 인간을 표현할 수 없다고 느꼈다. 마네는 무엇을 그리는가보다 어떻게 그리는가가 중요하다고 보았다. 이제 이야기를 전달하고 교훈을 주어야 한다는 미술 아카데미의 개념은 구태의연하게 보였고, 어떻게 삶의 한순간의 시각적 감각을 화면에 옮기는가가 중요해졌다. 이런 사고는 고전주의와 크게 대조적이다. 고전주의자들이 볼 때 인상주의 미술은 주제도 없고 완성도가 떨어지며, 본질을 잃어버리고 단지 인상만을 그린 것으로밖에 생각되지 않았다.

에두아르 마네, 에드가르 드가, 클로드 모네와 같은 인상주의 화가들은 근대 도시적 삶의 사회적 유동성과 개인의 자연스러운 일상을 그리기 시작했다. 〈카페 콩세르의 한구석〉은 공연도 보고 술도 마실 수 있어 사람들이 붐비는 카페 콩세르에서 종업원이 맥주를 나르는 장면을 그린 것이다. 마네는 여성 종업원이 맥주를 나르면서 시선은 화면 밖의 다른 곳을 바라보는 한순간을 포착했다. 화면 왼쪽의 악

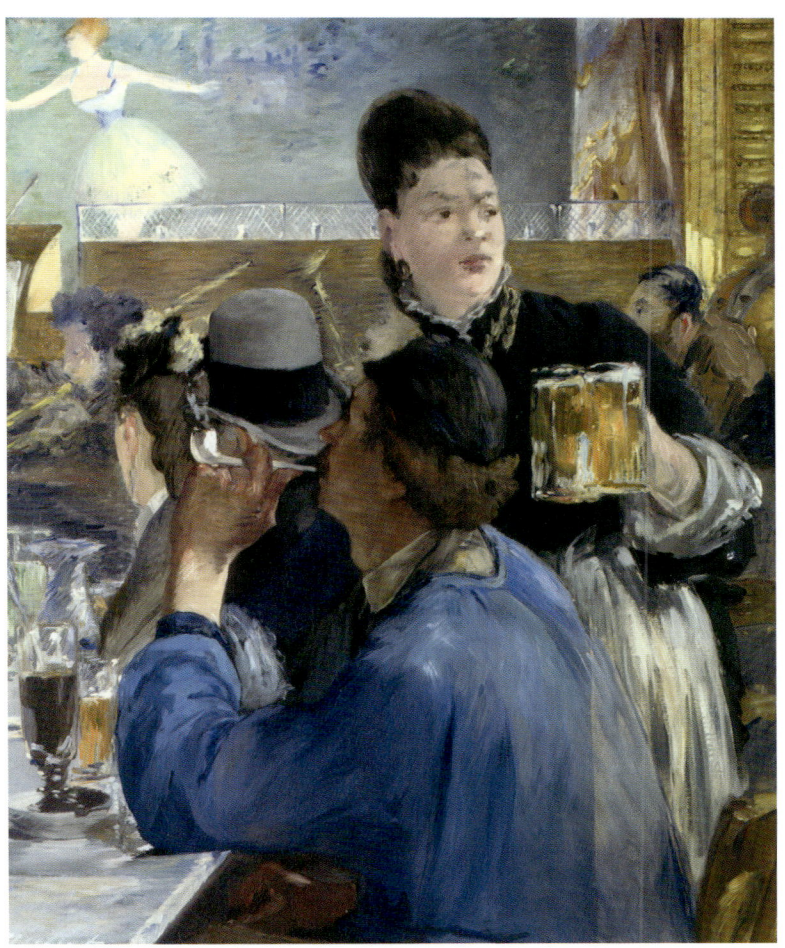

에두아르 마네, 〈카페 콩세르의 한구석〉, 1878~1880년

단은 반 정도만 그리고, 무대 위의 무희보다 종업원과 관객들을 크게 그림으로써 원근을 급속히 축소해 관람자의 시선을 사로잡는다. 이런 구성은 사진의 스냅숏을 연상시키기도 하고 우연히 잡힌 장면이라는 느낌을 준다. 관람자는 마치 이 장면에 함께 있는 것처럼 카페의 소리와 분위기를 느낄 수 있다.

마네에게는 이렇듯 우연하고 일시적인 삶, 당시의 의상, 행동, 군중의 모습, 현재의 순간이 근대적 삶의 분위기로 다가왔다. 이 시대 자체가 소재가 된 것이다. 그는 그림의 가치는 교훈적인 주제에만 있는 것이 아니며, 우리 주변에서 찾을 수 있다는 점을 환기했다. 그러나 이상화된 누드나 영웅적인 인간의 모습에만 익숙해져 있던 당시 사람들에게 이런 미술은 충격을 던졌고 사회에 대한 일종의 도전으로 비쳤다.

인상주의 화가들은 산업화의 혜택을 받기도 했다. 알루미늄 튜브에 담은 다양한 색채의 물감과 흰 캔버스가 공장에서 생산되면서 미술가들은 간편하게 화구를 들고 야외에 나가 광선과 기후 조건이 변하기 전에 얼른 눈에 보이는 시각적 감각을 포착하려고 했다. 모네의 〈오른쪽을 향하고 양산을 쓴 여인〉에서는 밝고 섞이지 않은 신선한 색채 하나하나가 생생하고 반짝여 그림을 보는 즐거움을 준다. 모네는 야외에서 시시각각으로 변하는 광선에 따라 달라지는 색채와 인물의 윤곽에 관심을 가졌다. 그래서 여인의 얼굴은 간신히 알아볼 수 있는 정도에 그친다. 모네는 햇볕이 내리쪼이는 공원이나 강변에서 산책하는 사람들, 기차역, 대로에서 바삐 움직이는 사람들을 자유로운 붓 터치로 그려 화면을 순수한 시각 경험으로 만들었다. 인상주의 화가들은 이제 그림을 그리는 기준은 없다고 선언하는 듯이 보였다.

인상주의 작품들이 시간이 가면서 조금씩 인정받기 시작할 때 빈센트 반 고흐, 폴 고갱, 폴 세잔, 조르주 쇠라가 새로운 세대의 화가로 등장한다. 이들은 인상파 화가들과 달리 빛의 경험을 화폭에 담는 데 그치지 않고 인간의 경험을 독자적인 감각으로 해석하고 표현하려 했다. 반 고흐와 고갱이 원색적이고 강렬한 색과 표현력 있는 선을 구사했다면, 쇠라는 수많은 작은 색 점으로 대상을 형상화하는 방식으로 화면에 구조를 되돌려놓았고, 세잔은 자연의 변화무쌍한 모습과 구조를 화면에 공존시키려 했다. 그러나 이러한 그림은 사실적인 미술에 익숙했던 일반인이 이해하기는 어려

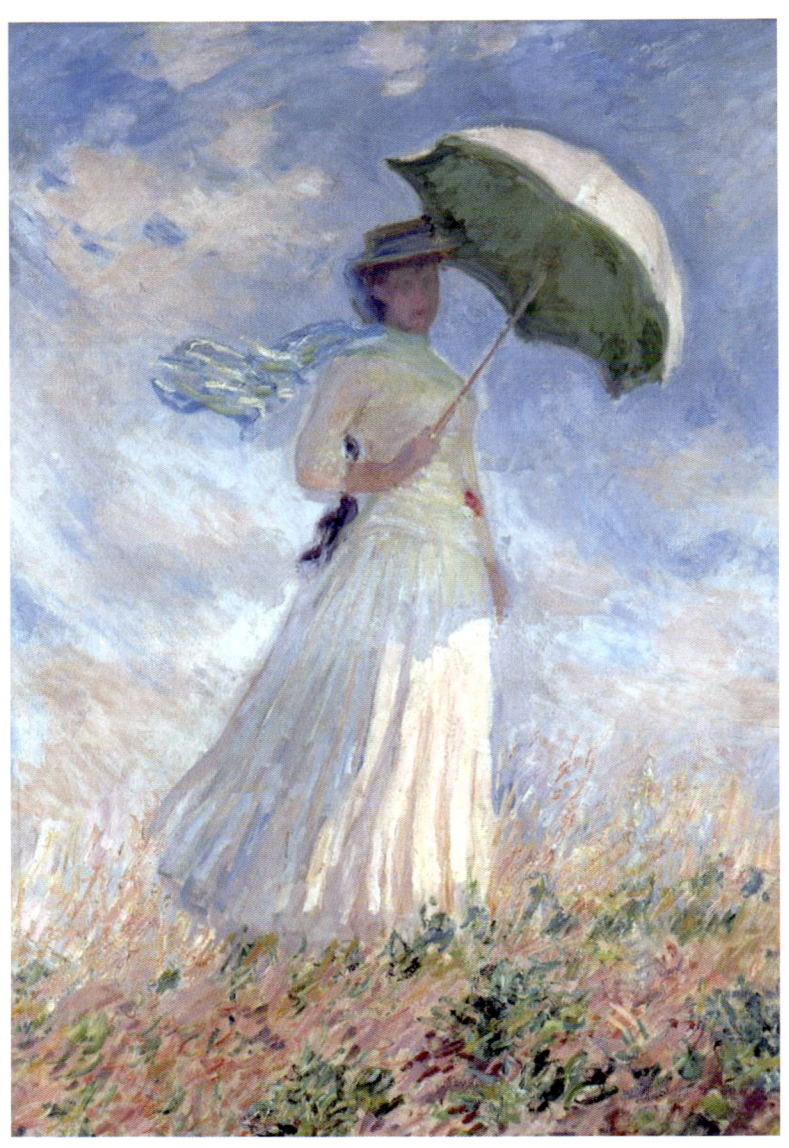

클로드 모네, 〈오른쪽을 향하고 양산을 쓴 여인〉, 1886년

웠던 것이 사실이고, 이들은 거의 생전에 인정받지 못했다. 이 때문에 미술가란 사회에서 인정받지 못하고 고통스러운 창작 활동을 하는 고독한 천재라는 신화가 탄생하기도 했다. 미술가들은 개의치 않았고 남들이 인정하든 말든 자신의 개성에 따라 주관적인 표현을 계속 추구했다. 그에 따라 이제 미술은 점점 일반 대중에게서 멀어지기 시작했다.

4.
현대미술: 추상과 그 이후의 미술

이 세상을 보이는 그대로 그리는 사실주의 회화는 르네상스 이후 서양의 모든 미술가가 지키던 규범이었다. 화가들은 화면에 원근법을 적용해 3차원의 공간을 재현하고, 그 안에 종교적, 신화적, 역사적 주제에 따라 인물들을 배치해 그 내용을 감상자가 읽을 수 있게 했다. 과격하게 보였던 모네, 반 고흐, 고갱도 근본적으로는 보이는 세상을 떠난 것이 아니었다. 그런데 20세기 초 파블로 피카소와 조르주 브라크가 시도한 큐비즘Cubism(입체주의)이 자연의 겉모습보다 대상의 구조와 공간의 관계에 더 큰 관심을 가지면서 회화는 우리가 보는 세계의 묘사에서 벗어나게 되었다.

추상미술 실험이 갖는 의미

피카소는 〈곡예사〉에서 서커스 단원인 곡예사를 기하학적 형태로 단순화해 여러 면이 겹치는 구성으로 처리했다. 이러한 표현은 한자리에서 한순간에 바라본 자연이나 인물의 모습이 절대적인 사실이 아니라는 사고에서 비롯되었다. 다시 말하면, 우리는 대상을 앞에서 볼 수도 있고 뒤나 옆에서 볼 수도 있기 때문에, 이 모두가 합쳐져야만 절대적이고 객관적인 사실을 알 수 있다는 것이다. 이는 다소 어려운 개념으로 실제 당시 미술가들이 얼마나 정확하게 이해했는지는 알기 어렵다. 하지만 결과적으로 미술가들을 자연 묘사보다 개인의 감각에 의한 선, 색채, 형태의 순수한 형식 실험으로 이끌었다. 추상미술이 탄생한 것이다.

피카소의 혁명은 일반 대중에게는 충격이었다. 그의 그림이 어린아이의 그림과 무엇이 다르냐는 질문이 나오는 것도 이해할 만하다. 그렇지만 그의 시도는 여러 실험적인 미술가들의 공감을 얻었다. 이들의 눈에 사실적인 미술은 오래된 서구 문명의 부패와 물질주의를 나타내는 것으로 보였다. 당시 많은 미술인이 산업혁명과 기술 발달로 생활은 편리해졌으나 물질주의의 만연과 과학기술에 대한 맹신으

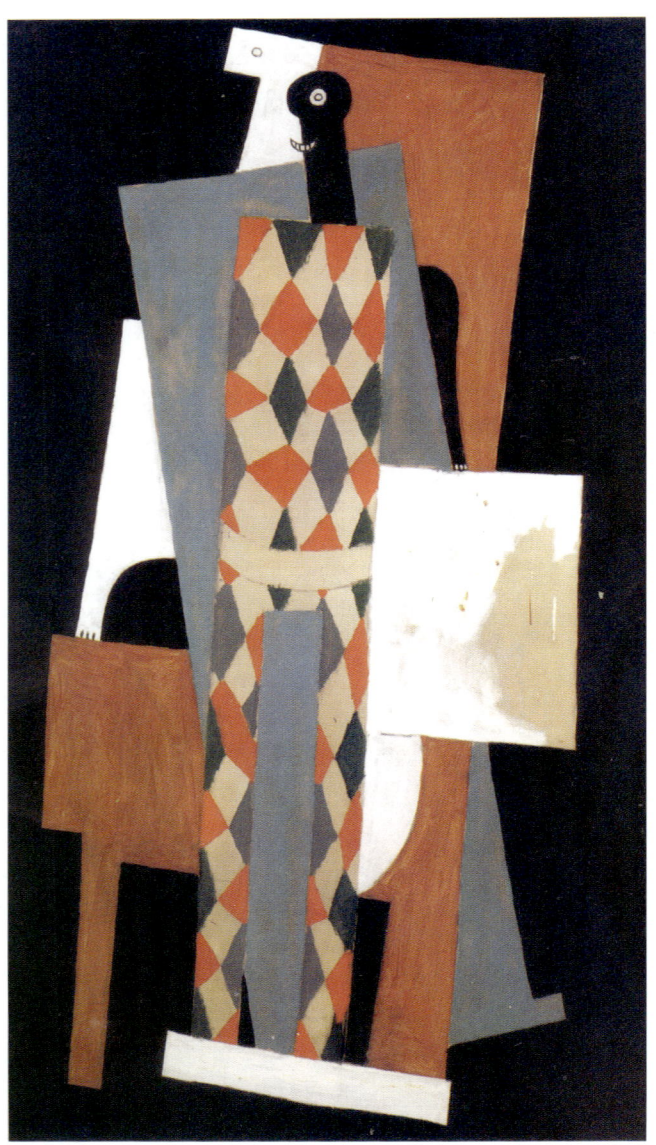

파블로 피카소, 〈곡예사〉, 1915년

로 정신적, 종교적 가치가 상실되었다고 느꼈다. 그래서 이 세계와 아무 관계가 없는 순수한 조형 요소만을 다룬 미술 이야말로 미래의 유토피아적 정신이나 환경을 반영할 수 있다고 보았다. 이제 파리뿐 아니라 뮌헨, 베를린, 빈 등 유럽 주요 도시에서 실험적인 움직임들이 일어나면서 추상미술의 흐름은 다각적으로 진행되었다.

네덜란드 태생의 피에트 몬드리안 역시 전통문화가 쇠진해감을 꿰뚫어 보면서 새로운 시대에 부응하는 미지의 영역을 개척하려 했다. 그는 피카소가 시작한 실험을 한층 더 발전시켜 화면에서 대상이 완전히 사라진 추상 작품을 시도했다. 몬드리안의 작품에서 선, 색채, 형태는 어느 하나가 지배적이지 않고 서로 팽팽한 균형을 이룬다. 〈빨강, 파랑, 노랑의 구성〉의 핵심은 격자문과 비대칭 구성을 원칙으로 한 선, 색채, 형태 간 관계에 대한 탐구이다. 검은 선은 색채를 둘러싸 다양한 크기의 사각형 형태를 만든다. 선은 직선으로, 수직과 수평선으로 되어 있어 안정감을 준다. 선의 느낌은 강한데, 자세히 보면 굵기가 조금씩 다르다. 색채는 순수한 빨강, 파랑, 노랑의 삼원색, 그리고 흰색, 검은색으로 제한되어 있다. 붓 터치는 전혀 보이지 않고 고르

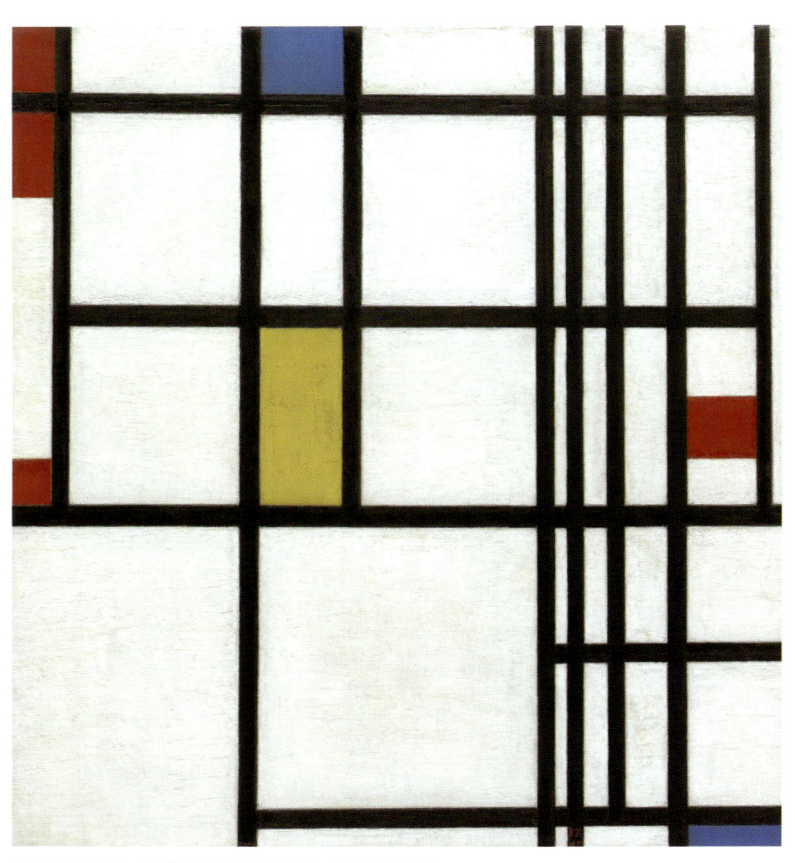

피에트 몬드리안, 〈빨강, 파랑, 노랑의 구성〉, 1937∼1942년

게 채색되었다. 선 원근법은 적용되지 않았지만, 깊이감이 없는 것은 아니다. 왜냐하면 노란색이 따뜻한 색이고 면적이 크기 때문에, 후퇴하는 것처럼 느껴지는 차가운 색인 파란색에 비해 앞으로 진출하려는 듯한 느낌이 강하다. 만약 파란색이 더 크게 자리 잡았다면 이에 따라 다른 모든 요소, 즉 선의 길이, 굵기, 색채 형태의 크기가 다시 조절되어야 했을 것이다.

몬드리안은 이렇게 한 작품을 가지고 여러 달 작업하면서 선, 색채, 형태를 끊임없이 조절해 화면에서 절대적인 화음과 조화를 창조하려 했다. 궁극적으로 몬드리안이 캔버스에서 실현하고자 했던 것은 모든 요소가 완벽한 화음과 탄력적인 균형을 가지는 유토피아의 비전이었다.

추상미술을 단지 새로운 미술을 위한 실험으로만 보는 것은 오해다. 앞서가는 엘리트 의식을 가졌던 추상미술가들은 좀 더 나은 삶이 눈앞에 있다고 믿었다. 몬드리안이나 바실리 칸딘스키와 같은 추상 미술가들의 궁극적인 목표는 삶을 개혁하는 것이었다. 이들은 지역과 민족을 초월한 순수한 선, 색채, 형태의 무한한 형식의 가능성과 내용으로 미래 사회의 가능성을 제시하고자 했다.

다다에서 팝아트까지, 격동의 20세기 미술

비슷한 시기에 몇몇 미술가들은 사실적인 이미지를 되돌려 오거나 다른 방향으로 향하고 있었다. 그들은 제1차 세계대전 중이었던 1916년에 취리히에서 탄생한 다다dada와 1924년 파리에서 시작한 초현실주의 미술가들이었다. 이 두 운동은 인류의 진보에 대해 낙관적이지 않았고, 인간의 내면 깊이 숨어 있는 어두운 측면과 부조리를 탐구했다. 이들은 합리적이라고 생각되던 과학기술이 유럽 문명을 자멸시킨 원인이었다고 보고 모든 합리주의 사고를 반박했다. 다다는 제1차 세계대전 이후 전쟁의 경험에서 오는 허무감, 환멸, 무기력에서 발생한 반反미술 운동이었고, 초현실주의는 이성과 합리주의, 도덕적 통제 아래 감추어져 있었던 인간의 무의식, 잠재의식과 본능을 노출해 욕망을 발견하고 소외와 억압에서 벗어나는 인간의 해방을 꿈꾸던 움직임이었다.

독일 태생의 막스 에른스트는 다다와 초현실주의를 모두 수용한 화가였다. 그는 꿈속에 나올 만한 몽환적인 이미지들을 다양한 기법으로 결합해 인간의 무의식과 꿈의 세계를 탐색했다. 에른스트의 〈두 아이가 밤꾀꼬리에게 위협당

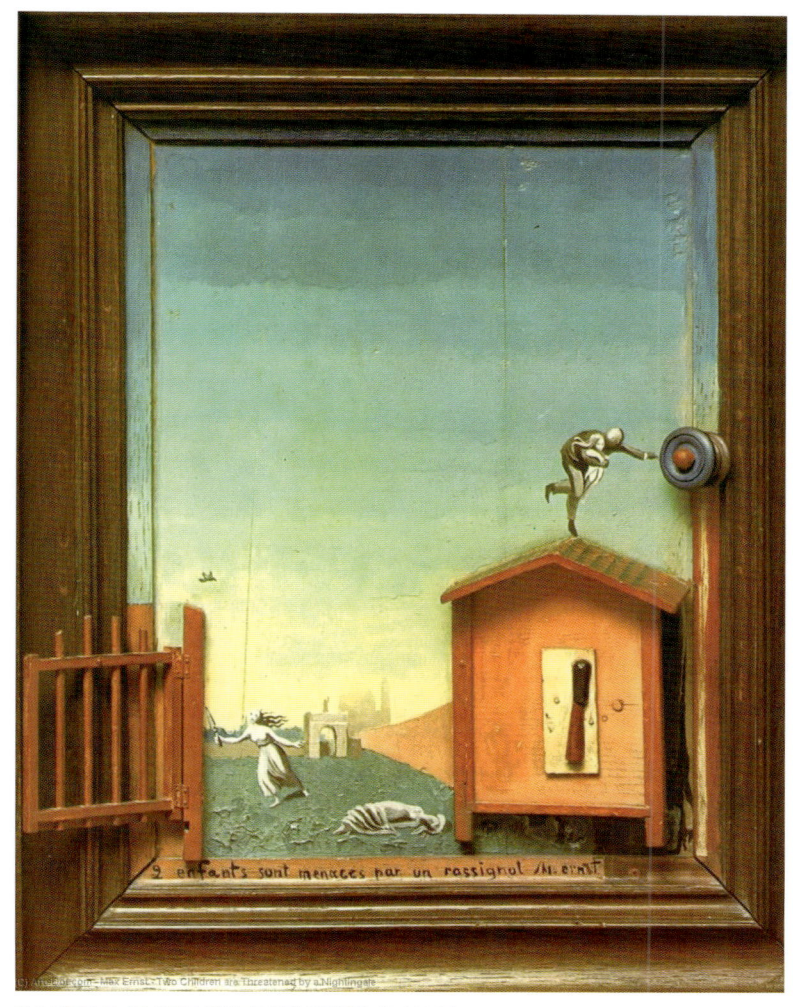

막스 에른스트, 〈두 아이가 밤꾀고리에게 위협당하다〉, 1924년

하다〉라는 작품은 두 아이가 자그마한 밤꾀꼬리에게 위협 당해 위험해 보이는 지붕 꼭대기에서 도망치려는 장면으로 긴장과 불안감을 자아낸다. 현실에서는 있을 수 없는 일 같은데, 캔버스에 부착된 실제 문손잡이나 집과 울타리 형태는 너무 사실적이라 현실과 꿈의 경계가 불분명하다. 아주 엄격한 아버지 밑에서 자란 에른스트는 어린 시절부터 강렬한 환상과 꿈같은 세계에 몰입했다고 알려지는데, 이 작품도 무의식적 기억, 트라우마, 불안감을 반영하는 것으로 해석된다. 이 작품을 보면 왜 아이들이 위협을 받는지 궁금해진다. 그에 대한 해석은 감상자의 몫이다.

1930년대 정치적인 긴장과 갈등 속에 있던 유럽에서 1939년 나치 독일이 폴란드를 침공하면서 제2차 세계대전이 발발했다. 유럽 대부분의 나라, 그리고 막바지에는 미국을 전쟁에 끌어들인 제2차 세계대전은 인간이 인간에게 저지를 수 있는 잔학 행위와 살생에 넌더리를 치게 했고 인간의 합리적 행위의 한계를 절실하게 느끼게 했다.

전쟁은 결국 연합군의 승리로 막을 내렸는데, 유럽이 피해 복구에 여념이 없는 사이 현대미술의 중심지는 미국으로 옮겨 갔다. 유럽보다는 상황이 나았지만 1930년대 경제공황과 제2차 세계대전이라는 어려운 시기를 겪은 뉴욕의 젊은 화가들은 합리주의를 대변하는 몬드리안식의 기하학적 추상을 배척하고 자신의 감정과 본능적 에너지를 분출하는 창조적 과정 자체를 중요시하는 미술을 도모했다. 이 운동이 추상표현주의다.

곧 추상미술에 대한 본격적인 반격이 시작되었다. 1950년대 후반 어느 정도 안정을 되찾으면서 등장한 새로운 세대는 지난 반세기 동안 지속되어온 추상미술이 생활과 지나치게 유리되어 있다고 반발했고, 미술과 생활을 결합하고자 하는 시도들이 뒤따르게 되었다. 1960년대 생활 전반이 물질적으로 풍요로워지고 대중문화가 대두하면서 등장한 팝아트Pop Art는 이런 변화를 결정적으로 보여준 미술이었다.

초기의 팝아트는 평론가들에게 무시당했다. 당시 미국에서는 유럽에서 지속되어온 지적인 고급문화를 사수하려는 경향이 강했고 TV, 영화, 만화 등의 대중문화는 통속적이라고 생각했기 때문이다. 그러나 광고나 만화, 신문과 같은 대중매체에서 온 이미지들은 전후 미국의 풍요로운 사회를 반영했고 우선 이해하기가 쉬웠다.

앤디 워홀은 코카콜라나 캠벨 수프 같은 제품들의 이미지

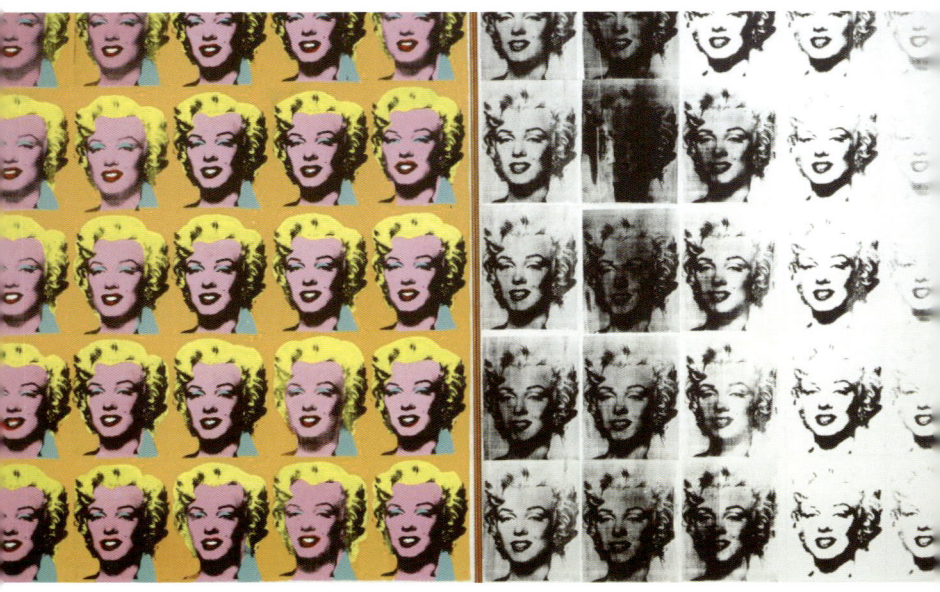

앤디 워홀, 〈매릴린 두 폭〉, 1962년

를 마치 슈퍼마켓 선반에 진열된 것처럼 연속 반복해서 제작했다. 그 외에도 그는 유명 연예인들의 홍보용 사진이나 신문에 난 교통사고 사진들을 구해 실크 스크린으로 색채와 반복의 수를 달리해 〈매릴린 두 폭〉 같은 작품을 거의 수십 점 마치 대량생산 제품처럼 찍어냈다. 이는 예술 작품이란 독창적이고 유일한 것이며, 그 작가의 개성이 드러나야 한다는 오래된 미술의 개념에 도전하는 것이었다. 그것은 이제까지의 주류 고급문화에서 벗어나는 시도이기도 했다. 이후 현대미술은 기존의 프레임을 깨고 다양한 실험을 하며 예측 불허의 방향으로 나아가게 된다.

5.
아시아의 미술

미술 개설서들은 이제까지 주로 서구의 미술과 문화를 중심으로 쓰였다. 학문으로서의 미술사가 서양에서 시작되었고, 서양의 관점에서 미술을 서술하는 경향으로 이어졌기 때문이다. 이슬람, 아시아, 중남미, 아프리카 미술이 개설서에 등장하기 시작한 것은 최근의 일로, 서양미술도 다른 문화와의 상호 교류와 영향 속에서 전개되었다는 사실을 깨닫게 했다. 동양과 서양의 교류는 사실 일찍부터 다양한 통로로 이루어졌다. 동서는 알렉산드로스 대왕이나 칭기즈칸 같은 전쟁 영웅에 의해 연결되기도 했고, 비단길(실크로드)을 통한 대상隊商 무역과 항해술의 발달에 따른 해상 활동이 활발해지면서 중국 장안에서부터 지중해까지 통로가 이어지기도 했다. 이러한 교류는 서양과 동양, 서양과 이슬람 문화, 이슬람과 동양의 문화가 서로 섞이는 계기가 되었다.

다양한 문화와 서로 간의 교류에 관한 연구와 전시가 본격적으로 시작한 것은 세계화가 가속화하면서였고, 이는 이제까지 몰랐던 다른 문화의 깊이와 독특함을 알렸다. 여기서는 이슬람, 중국, 일본의 미술을 간략하게 살펴보기로 한다. 한국 미술은 이미 많은 책이 나와 있기 때문에 다루지 않았다.

종교와 밀접한 이슬람 미술

이슬람 미술은 7세기경 이슬람교의 탄생과 더불어 경전 쿠란이 필사되면서 시작되었다고 볼 수 있다. 그러나 이슬람 미술은 사람이나 동물을 그림이나 조각으로 표현하는 것을 금지하는 등의 종교적 이유, 중동과 주변 지역의 정치적 불안정성 때문에 그동안 연구가 쉽지 않았던 것이 사실이다. 이슬람 문화는 사우디아라비아를 비롯한 대부분의 중동 국가, 북아프리카의 이집트, 모로코 등과 중동의 튀르키예, 인도네시아, 유럽의 알바니아나 보스니아 등 다양한 지역의 광범위한 문화, 언어, 전통을 포함하기 때문에 통일된 서술

또한 쉽지 않다. 최근에는 문화적 다양성에 관한 관심뿐 아니라 이슬람 국가들의 정치적, 경제적 중요성이 커지면서, 세계 유수의 미술관에서 이슬람 전시실을 대폭 확장하고 이슬람의 역사와 문화를 이해하고자 하는 노력이 증가하고 있다.

이슬람 미술은 종교와 밀접한 연관이 있다. 주로 예배와 관련되어 모스크와 같은 사원 건축이나 쿠란의 아름다운 서체書體 필사본, 복잡하고 정교한 기하학적 패턴의 타일이나 모자이크, 미니어처 회화로 대표된다. 초기의 문화 중심지는 메카, 메디나, 다마스쿠스, 바그다드, 사마르칸트와 같은 이슬람 제국의 주요 도시였다. 우즈베키스탄의 사마르칸트에 있는 비비하눔 모스크는 당시 세계에서 가장 큰 모스크 중 하나였다. 이슬람 문화의 황금기였던 티무르 제국 시대(14~15세기)에 황제가 왕비를 기리기 위해 건설한 이 모스크는 거대함과 웅장함으로 제국의 위엄과 힘을 상징한다. 화려한 색채와 복잡한 아라베스크 무늬, 정교한 패턴을 보이는 푸른색이나 청록색 타일로 장식된 돔과 외벽은 신성함을 상징하는 이슬람 건축의 전형적인 특징이다.

중앙아시아 실크로드의 중심지였던 사마르칸트는 페르

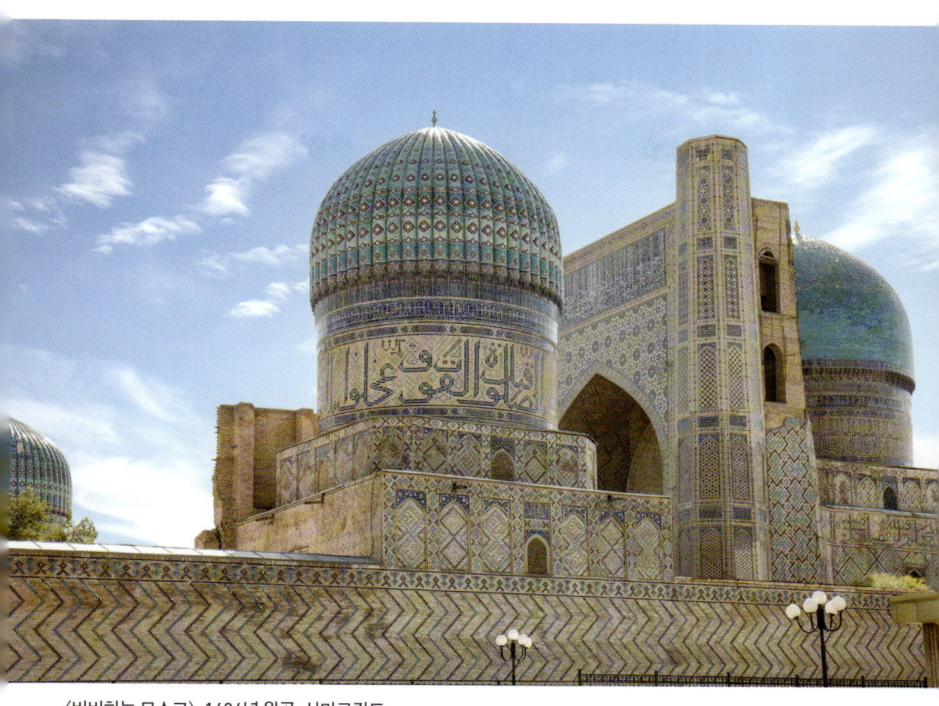

〈비비하눔 모스크〉, 1404년 완공, 사마르칸트

시아, 중국, 몽골 등의 다양한 문화가 교차하는 지역으로 다문화적 특징이 강한데, 색채보다는 형태와 기하학적 패턴을 강조하는 중동 지역의 이슬람 건축과는 차이가 있다. 중동 지역의 모스크는 아름다운 기하학적 패턴이 강조되어 종교적 경건함이 한층 돋보였고, 그 속에 경전 구절이나 신의 이름을 써넣기도 했다. 이슬람 문화는 일찍부터 실크로드를 통해 중국과 연결되면서 기하학적 패턴 디자인은 중국 도자와 직물에 영향을 미쳤고, 반대로 중국 도자기는 큰 인기 품목으로 이슬람 제국으로 수출되었다.

중국과 '중국풍' 미술

서양에서 일찍부터 관심을 가졌던 동양은 중국이었다. 중국 문명의 시작은 고대 중국의 첫 번째 문명으로 간주하는 하夏 왕조(기원전 15세기 무렵)로 보는데, 그 이후 여러 왕조가 중요한 문화적, 기술적 혁신을 이루면서 발전해왔다. 서양의 기독교에 상응할 만한 동양의 종교는 불교다. 기원전 5세기경 인도에서 시작된 불교는 4세기에는 인도, 파키스탄, 서역을 거쳐 중국으로 전파되었다. 끊임없는 전란과 사회적 혼란 속에서 불교는 백성들의 삶의 고단함을 치유해

주고 그들에게 사후 극락세계로 갈 수 있다는 믿음을 가지게 해주었다. 그리고 점차 그 세력이 확장되어 한국과 일본으로 전해지면서 동아시아에 불교 문화권이 형성되었다. 간쑤성의 둔황에서는 4세기 무렵 한 승려가 암벽을 깎아 석굴을 파고 불상을 조각한 이후 다른 승려들도 석굴을 조성했는데 약 1,000년에 걸쳐 그 수가 500여 개에 이르렀다. 다양한 석조 불상과 벽화가 남아 있는 이곳은 실크로드의 중심지여서 많은 순례자가 방문해 불교 경전과 철학을 학습하고 실천했다. 둔황 석굴은 불교 전래 초기부터 1,000여 년간 이어져온 불교미술의 전개를 잘 보여준다.

불교는 북위 시대의 문성제文成帝 때 왕실의 후원을 받으면서 본격적으로 정착했다. 5세기경 산시성 다퉁의 윈강석굴은 이때 조성되었다. 460년경부터 약 60년 동안 건립한 45개의 주요한 동굴과 5만 개 이상의 불상으로 이루어진 이 거대한 규모의 석굴에서 가장 유명한 불상은 높이 13.7미터로 균형 잡히고 건장한 모습을 한 제20굴의 본존불 좌상이다. 이 거대한 불상은 양감이 풍부하며 정면 위주의 평면성을 가지는데, 인도 간다라 불상의 영향으로 보인다. 고대 그리스나 중세 유럽에서 신이 인간으로 재현되었다면 윈강석

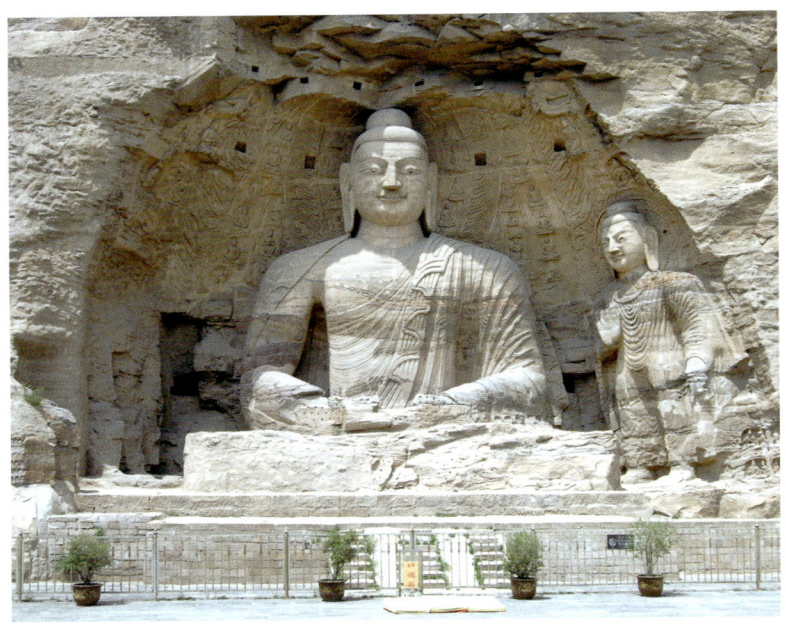

〈윈강석굴〉, 460~494년, 산시성 다퉁

굴의 대형 불상은 평온함과 위엄, 그리고 내면에서 우러나오는 정신성을 강조하면서 신성을 느끼게 한다. 윈강석굴은 그 후에 조성된 룽먼석굴은 물론 다른 석굴 사원뿐 아니라 석굴암을 비롯해 한국 불교미술에도 영향을 미친 것으로 알려질 만큼 당시 아시아 문화 교류의 중요한 거점이었다.

중국에서 상업과 도시 문화가 크게 발전한 시기는 당나라(618~907)와 그 이후 북송(960~1127) 때였다. 송나라의 수도 카이펑은 당시 인구가 많고 활기가 넘치는 도시로 수로와 교량이 건설되었고 시장과 상점이 가득했다. 이 도시는 고도의 세련된 문화를 주도하던 문인과 관료 외에도 상인, 농민, 어부 등 여러 계층이 공존하던 곳이었다. 장제두안이 그린 가로 길이가 약 5미터에 달하는 〈청명상하도〉는 두루마리 형식의 풍속화로 이 시기의 사회상을 잘 보여준다. 이 작품의 주제는 '청명절清明節'이라는 봄 축제인데, 화가는 실제 관찰을 바탕으로 강변을 중심에 두고 시골 마을에서부터 번화한 도시로 이어지는 여러 장면을 연속적으로 그렸다. 그림을 죽 훑어보면 다양한 계층의 사람들이 실제 어떻게 경제활동을 하며 어떤 교통수단을 이용하고 살았는지 등 당시의 생활상을 자세히 알 수 있다. 도시의 활력과 생동

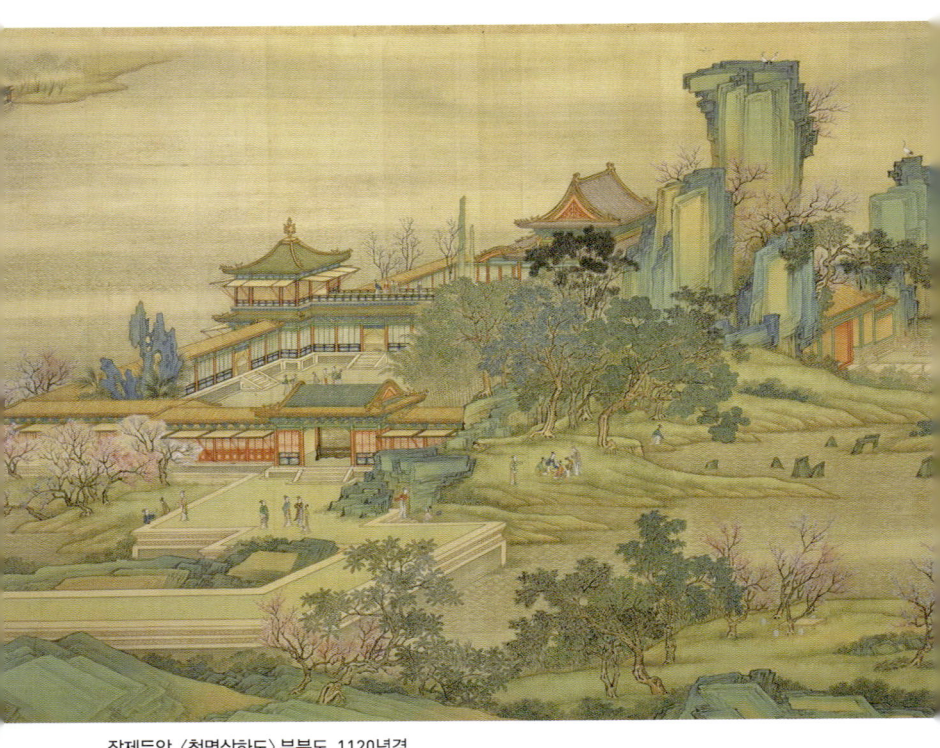

장제두안, 〈청명상하도〉 부분도, 1120년경

감을 반영한 〈청명상하도〉는 중국의 회화에서 사회적 현실을 반영하는 시도가 일찍부터 자리 잡고 있었다는 것을 알려준다.

과거 유럽인에게 신비스러운 미지의 세계였던 중국은 15세기 이후 서양과의 상호 무역이 활발해지면서 그 거리감이 좁혀지기 시작했다. 유럽인들은 중국의 칠기, 보석, 향료, 비단, 도자기 등을 탐냈고, 이러한 사치품들은 일찍이 중앙아시아의 교통로인 비단길을 통해 이스탄불과 로마에 도착했다. 중국 미술품 수입은 점점 증가해, 17세기 후반에서 18세기 중반에는 유럽의 중국 미술에 관한 관심이 최고조에 이른다. 동양풍의 이국적인 인물과 풍경 또는 문양으로 장식한 공예품이 유럽의 귀족들 사이에서 큰 인기를 끌면서 '중국풍'이라는 의미의 '시누아즈리Chinoiserie' 유행을 불러왔다. '시누아즈리'의 영향은 실내장식·가구·도자기·직물·정원뿐 아니라 널리 회화나 판화에까지 미치면서 영국, 이탈리아, 프랑스의 상류사회를 휩쓸었다.

일본과 자포니슴

일본 미술은 초기에는 중국과 한국으로부터 불교, 유교, 도교 등 다양한 문화를 받아들이면서 점차 고유의 감각과 미학을 발전시켰다. 가마쿠라 시대(1192~1333)에 오면 일본의 천황은 상징적인 존재로 남았고, 실제 권력은 막부를 설립하고 사무라이 계급을 통해 세력을 행사한 무사 계급의 최고 지도자인 쇼군이 가졌다. 쇼군은 가마쿠라 시대를 이은 무로마치 시대(1336~1573)에도 아시카가 막부가 존재하면서 여전히 권력의 중심에 있었다. 1397년 아시카가 요시미쓰 쇼군에 의해 교토에 건립된 선종 사원인 킨카쿠지金閣寺(금으로 장식한 누각이라는 의미)는 일본 특유의 선문화禪文化와 그 시대 사무라이 문화를 상징하는 대표적인 건축물이다. 원래 명칭은 로쿠온지鹿苑寺이지만 2층과 3층 외관에 화려하게 금박을 입혀 킨카쿠지라는 이름으로 더 널리 알려져 있다. 층마다 서로 다른 건축 양식을 채택하고 있는 이 건물은 주변의 정원과 연못이 어우러진 조화를 보여주어 자연의 미를 중요시하던 일본 미술의 특징을 잘 보여준다. 화려한 킨카쿠지의 외관은 사무라이 계층의 권력과 부를 나타내지만, 그 내부 공간은 비교적 단순하고 소박하다. 이것은 사무라이가 외적으로는 강력하고 화려한 모습을, 내적으로는 절제와 명상을 중시했던 점과 맥락을 같이한다.

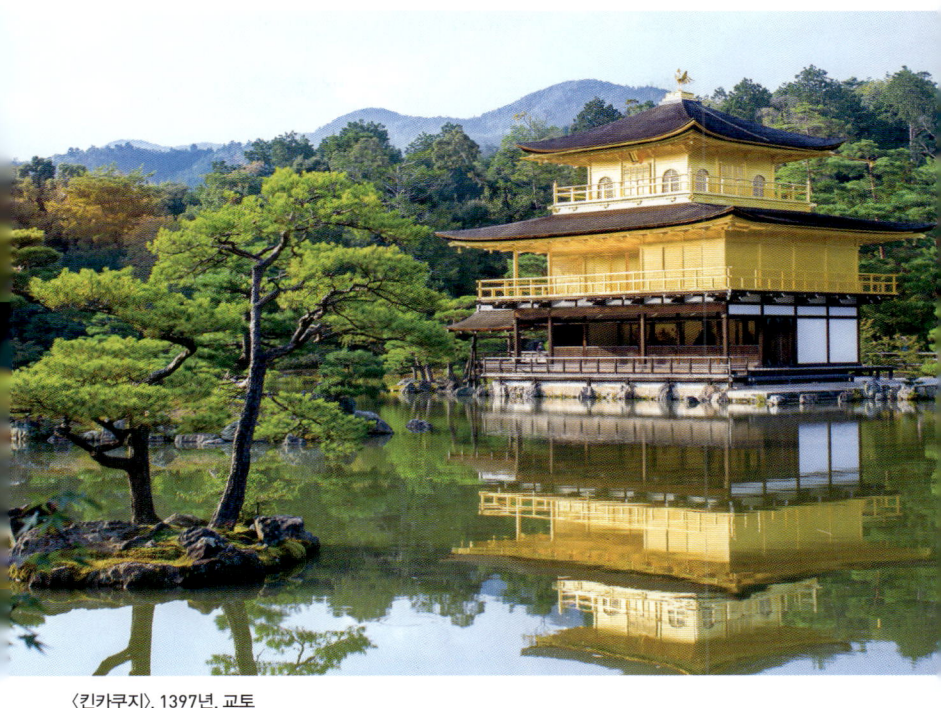

〈킨카쿠지〉, 1397년, 교토

킨카쿠지가 무사 계층의 가치관을 반영한다면 에도 시대 (1603~1867) 후기에 유행한 채색 목판화 우키요에浮世繪는 도시 상공업자의 취향을 반영한다. 우키요에는 원래 '떠다니는 세상의 그림'이라는 의미로 생활의 이모저모를 그린 풍속화였지만, 이 시기에는 현세의 즐거움을 상징하는 개념으로 바뀌고 있었다. 당시 일본은 도쿠가와 막부의 통치하에 장기간의 평화를 유지하고 있었고 에도(현재의 도쿄), 교토, 오사카 같은 도시가 발전하면서 상인과 장인 계층이 부상했다. 우키요에는 원래 고급 미술로 생각되지 않았던 대중적인 미술이었다. 가부키 배우나 게이샤의 세계, 또는 서민들의 일상생활 장면이 등장하고 대량 복제가 가능해 비싸지 않게 소비할 수 있는 예술 형태로 자리 잡았다.

우키요에의 대표적인 화가 가쓰시카 호쿠사이가 70대에 제작한 '후가쿠 36경'은 후지산(후가쿠는 후지산의 별칭) 주변의 다양한 풍경과 계절의 변화를 담은 다색 목판화다. 그중 하나인 〈가나가와 해변의 높은 파도 아래〉는 세심하게 관찰한 자연과 역동적 구성이 돋보이는 작품이다. 저 멀리 후지산이 보이는 바다에는 순간적으로 들이치는 거대한 파도와 작은 배에 타고 있는 어부들의 모습이 과장되게 대비되면

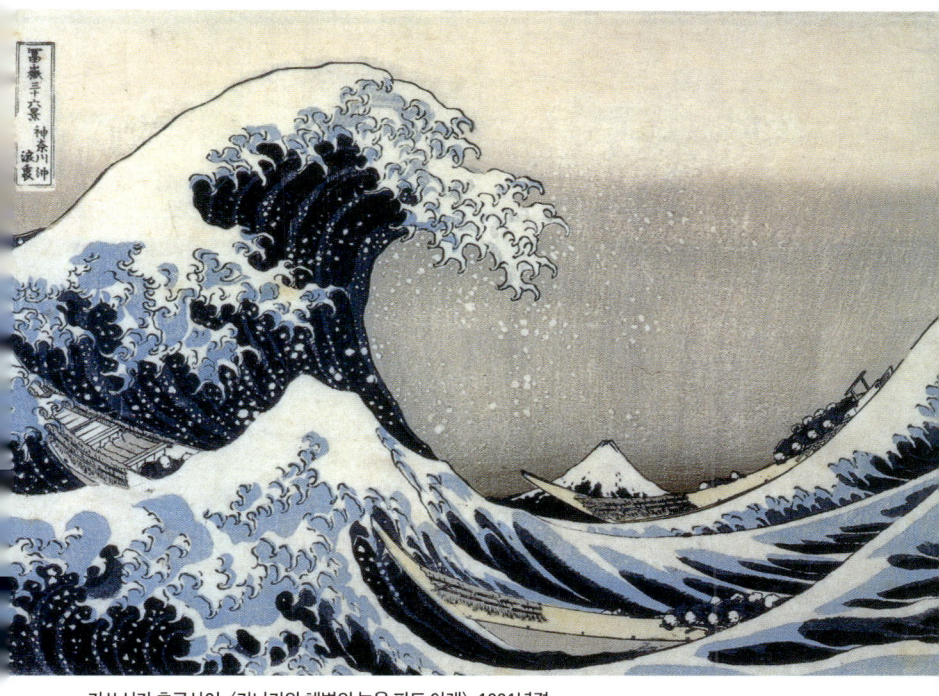

가쓰시카 호쿠사이, 〈가나가와 해변의 높은 파도 아래〉, 1831년경

서 자연의 경이로움과 위대함에 대한 경외감을 표현한다.

호쿠사이를 비롯한 일본의 우키요에 작가들의 목판화가 19세기 중후반 유럽에 소개되고 일본 정부가 수공예품을 유럽이나 미국에 적극적으로 수출하면서 자포니슴Japonisme 붐이 일어났다. 서구 문화를 받아들이며 근대화에 적극적이던 일본은 서구인에게 중국을 제치고 새롭게 등장한 동양이었다. 유럽의 화가들은 우키요에의 강렬하고 평면적인 색채, 단순화된 윤곽선, 과장된 원근감 그리고 특이한 각도의 시점에 매료되었다. 휘슬러, 반 고흐, 마네, 모네, 로트레크, 드가 같은 화가들은 모두 우키요에를 수집하고 거기에서 영감을 받았다.

6.
중남미와 아프리카 미술

이슬람 미술과는 다른 맥락으로 비교적 소개가 되지 않은 지역은 라틴아메리카, 즉 중남미 지역이다. 일반적으로 이 지역 문화를 이야기할 때 1492년 콜럼버스가 아메리카에 도착하기 이전 시기를 '콜럼버스 이전Pre-Columbian'이라고 하는데, 주로 원주민 문화를 가리킨다. 콜럼버스 이전에 존재했던 마야문명은 멕시코 남부부터 과테말라 등을 포함하는 지역에서 기원전 3세기부터 서기 10세기까지 지속한 문명이며, 아스테카 문명은 스페인의 에르난 코르테스에게 정복당하기 전인 14세기부터 16세기까지의 문명을 말한다. 그 외에 현재의 페루, 에콰도르나 칠레 등지에는 15세기에서 16세기까지 전성기를 누렸던 잉카제국이 여러 성곽과 도시를 건설했다. 그 유명한 도시 유적이 마추픽추다.

유럽 문화와 중남미 문명의 혼종

오랜 기간(16세기~19세기) 스페인과 포르투갈의 식민지였던 중남미는 유럽의 아카데미즘 미술을 모델로 따랐다. 그러므로 이 지역은 식민지 시기의 유럽 문화가 남미의 전통적인 마야, 아스테카, 잉카 문명과 결합한 곳이었다. 이러한 다원적인 특성은 음악, 미술, 춤, 의상 등 다양한 예술과 문화적 표현에 큰 영향을 미쳐 중남미 특유의 성격으로 발전되었다.

중남미에는 많은 나라가 존재하지만, 그중에서도 멕시코의 미술에 주목해보자. 멕시코는 16세기에 스페인 식민지가 되어 약 300년간 통치받았으나 1821년에 독립을 쟁취했다. 독립 후 사회적 변화가 시작된 20세기 초에 있었던 벽화 운동은 미술을 통해 국가의 정체성을 찾으려는 중요한 시도였다.

디에고 리베라가 주도한 멕시코 벽화 운동은 사회적 불의를 폭로하고 민중의 권리를 옹호하는 작품을 생산했다. 프랑스에 유학하면서 큐비즘의 영향을 받기도 한 리베라는 1922년 멕시코로 돌아와 동료 화가인 호세 클레멘테 오로

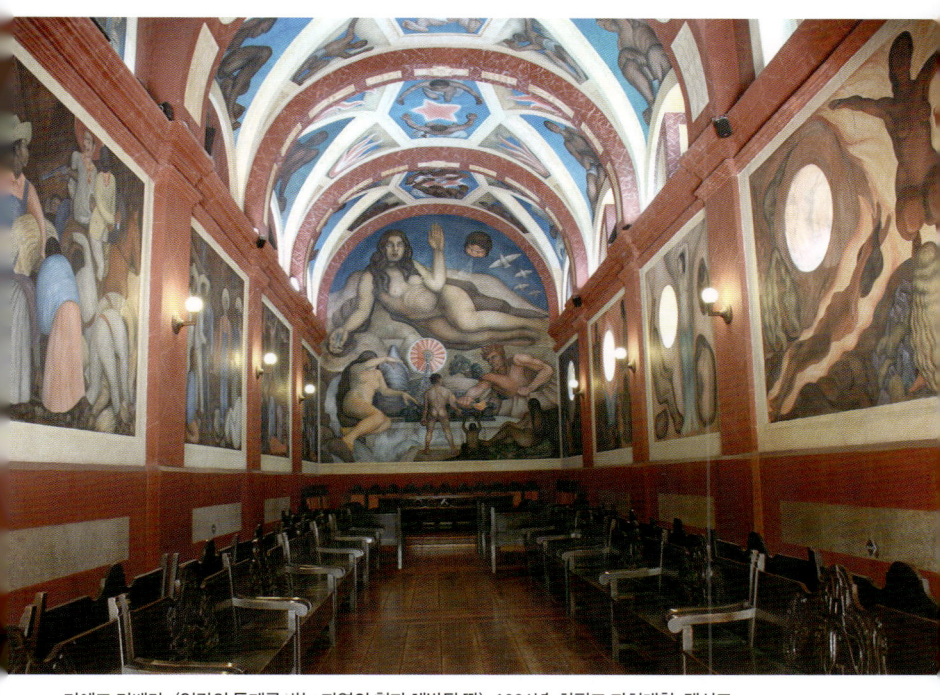

디에고 리베라, 〈인간의 통제를 받는 자연의 힘과 해방된 땅〉, 1926년, 차핑고 자치대학, 멕시코

스코, 다비드 알파로 시케이로스 등과 의기투합했다. 이들은 당시 대부분 문맹이던 멕시코인을 겨냥해 그들의 역사와 문명을 주제로 하는 벽화야말로 기념비적이면서 대중적 미술에 적합한 형태라고 믿었다. 차핑고 국립농업학교(현 차핑고 자치대학)의 벽화와 천장화에 리베라는 씨를 뿌리고 수확하는 농민, 투쟁하는 노동자, 그리고 그들이 자유를 획득하는 혁명의 과정을 그렸다. 예배당 벽화에서 해방된 땅을 상징하는 누드 여성은 물, 바람, 불 같은 자연의 요소들에 둘러싸여 한 손으로는 축복의 동작을 취하고, 다른 한 손으로는 화초를 들고 있는 풍요와 다산의 상징이다. 멕시코 벽화 운동은 여러 정치적 흔들림에 우여곡절을 겪으면서 오래 지속되지는 못했지만, 그 유산은 아직도 라틴아메리카인이 많이 사는 곳의 밝고 생동감 넘치는 벽화에서 발견할 수 있다.

'아프리카 미술'이라는 것이 있을까?

세계에서 두 번째로 큰 대륙인 아프리카는 오늘날 한편에서는 현대 유럽인과 같은 삶을 누리고, 다른 한편에는 허름하고 비좁은 집들이 몰려 있는 빈민촌이 있으며, 전통문화를 사수하려는 다양한 부족 집단이 공존하는, 다양하지만 혼란을 느끼게 하는 곳이다. 이것은 그들의 민속품이나 미술품에 대한 이해에서도 마찬가지다.

아프리카의 주요 민속품들로는 동굴벽화, 도자기, 섬유, 바구니 같은 공예품을 꼽을 수 있다. 그러나 아프리카에 처음 주목한 유럽인의 눈에 띈 것은 조각이었다. 왜냐하면 유럽의 기준으로 주요 민속품들 가운데 순수 미술로 인식된 것이 조각이었기 때문이다. 이후 아프리카 미술에 관한 연구가 진행되면서 그 조각을 제작한 사람들은 자신을 미술가로 생각하지도 않았고, 조각이 개성의 표현이거나 감상용이 아니라 제의에 사용되거나, 권력, 다산, 부귀 등을 상징한다는 사실이 알려졌다. 유럽 미술가들이 격렬한 감정 표현으로 해석했던 마스크 조각은 지역과 종족에 따라 다양한 종류와 기능이 있었으며, 단지 얼굴을 가리고 위장하기 위한 목적 이상으로 춤추는 제의 행위와도 긴밀히 연관된다.

파리의 케 브랑리 박물관에 있는 〈수호자상〉은 '음불루 은굴루'라 불리는 코타(또는 바코타)족의 유골함 수호자상이다. 유골을 담은 바구니 위에 놓인 이 조각은 목조 위에 구리나 황동으로 된 판을 덮어 장식한 것이다. 기하학적 면의

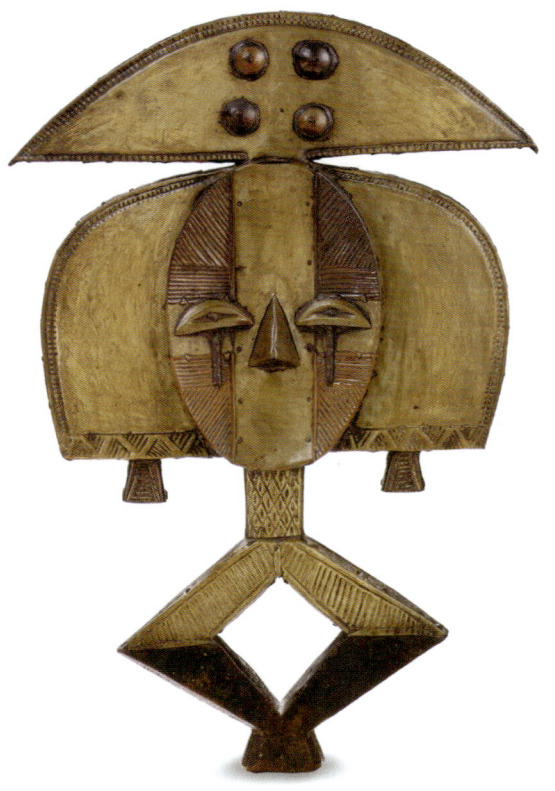

〈수호자 상〉(코타족 유골함 상), 20세기 초, 가봉

대조, 각진 형태들, 머리 위에 초승달 같은 관이 있는 이 〈수호자상〉과 같은 조각들은 20세기 초 피카소나 마티스 등의 미술가들에게도 큰 영감을 주었다.

아프리카 미술품 전시가 늘면서 서구의 미술관에서 열린 몇몇 부적절한 전시는 많은 논란을 일으키기도 했다. '아프리카: 대륙의 예술'이라는 전시가 1995년에 런던의 로열 아카데미 오브 아츠와 1997년에 뉴욕의 구겐하임 미술관에서 열렸을 때도 문제 제기가 있었다. 대표적인 비판으로 아프리카에 대한 이해 부족이 꼽혔다. 아프리카에는 약 55개 나라에 900여 개 부족, 1,000여 개의 언어가 공존하며, 각 부족마다 역사와 문화가 다르기에 부족민들은 자신을 아프리카인으로 생각하기보다는 부족과 연관된 정체성을 가진다. 그러므로 아프리카라는 광범위한 제목을 붙이는 것은 수많은 독립적 문화를 축소하고 단일화한다는 지적이었다. 이러한 논란은 우리가 익숙하지 않은 문화를 전시할 때 다각도의 논의와 이해가 필요하다는 사실을 깨닫게 한다.

원래 미술품으로 제작되지 않은 물건을 과연 미술로 보아야 하는지에 대해서도 의견이 팽팽하게 맞선다. 어떤 학자들은 미술관에서 이국적인 문화를 전시하려면 그 고유한 맥락을 더 자세히 설명해야 한다고 지적한다. 또 다른 학자들은 미술 작품이라는 맥락에서 제작되지 않았더라도 그 미적 가치를 재인식할 수 있다고 주장하면서 과도한 설명은 그러한 인식을 방해한다고 말한다. 오늘날 아프리카 문화는 자연사박물관, 민족학 박물관에서도 전시되고 있지만 미술관에서 미술품으로 전시되는 경우가 점점 많아지는 추세다.

우리 삶 속 미술의 세계

1.
글로벌한 오늘의 미술

21세기에 들어 우리는 기술 발전, 인권 개선, 글로벌한 협력과 연대로 말미암아 새롭게 열린 문화의 탄생을 기대하기도 하지만 끊임없는 전쟁, 사회적 불안과 소요는 인류의 미래에 대해 회의적인 시선을 던지게 하기도 한다. 정보 통신 기술의 발달로 누구나 이라크에서 벌어진 전쟁의 폭격, 기후변화의 재난뿐 아니라 뉴욕 증권시장의 상황 등을 거의 실시간으로 보고 들을 수 있다. 정보에 접근하기가 쉬워지고 인터넷, 소셜 미디어 등으로 소통 방식이 변하면서 글로벌한 연결이 쉬워졌기 때문이다. 이러한 변화는 미술에도 반영된다. 지역성과 전통이 사라지고 있다는 위기의식도 존재하지만, 다양한 문화를 연결하고 광범위한 시각으로 표현의 범위를 넓혀가는 현상도 늘었다.

과거의 대가, 명작, 순수 미술의 개념도 흔들리고 있다. 기준이 모호해지면서 전시장을 찾은 관람객들은 '이것도 미술인가?' 하고 어리둥절해하기도 한다. 그뿐만 아니라 영화, 유튜브, 웹툰, 광고 등 시각 이미지의 홍수는 이제 명실상부 비주얼 매체의 시대에 우리가 살고 있음을 느끼게 한다. 그리고 이미지에서 나타난 성별, 계층, 정체성, 권력관계는 끊임없는 논의를 불러일으키면서 현대미술을 적대시하거나 규제하려는 움직임도 불러내곤 한다.

1990년에 미국의 사진작가 로버트 메이플소프는 동성애자들의 성행위를 찍은 사진을 전시해 논란에 휩싸였다. 그는 충격을 주기 위해 찍은 것이 아니라 이제까지 아무도 찍지 못했던 사진을 찍고 싶었다고 말했지만, 전시를 미리 본 미국의 국회의원들은 경악했고 예정되었던 코코란 갤러리 전시는 취소되고 말았다. 그후 국회의원들은 국가의 예산으로 지원하는 전람회는 윤리적으로 적절한 선을 지켜야 한다는 내용의 법안을 제출했다. 이에 대해 미술계에서는 표현의 자유를 제한하는 검열이라는 성명을 내며 반발했고 예술 작품이 외설이냐 아니냐는 누가 결정하는 것인가의 문제도 거론되었다.

여성 미술과 사회 변화

어느 의미에서 우리의 삶에 좀 더 영향을 미칠 수 있었던 미술 운동은 여성 미술이었다. 1970년대 이후 활발해진 여성 미술은 여성 운동과 연결되면서 궁극적인 목적을 사회의식의 변화로 보았다. 이들은 이제까지 미술이나 대중매체에서 여성이 어떻게 재현되어 사람들의 사고와 태도에 영향을 미쳤는지를 탐구했다. 이 운동의 초기 단계에는 여성은 본질적으로 남성과 다르다는 전제 아래 여성적 경험이나 감성을 표현한 여성 작가들이 관심을 받았다. 그러나 1980년대에 들어와 여성 미술가들은 성性이란 타고난 것이 아니라 문화적으로 만들어지는 것으로, '남성적' 또는 '여성적'이라는 기준은 일종의 사회 표준의 산물이라고 주장하게 된다.

여성 미술가들이 특히 관심을 가졌던 부분은 여성의 재현과 일상적으로 사용하는 언어였다. 바버라 크루거나 신디 셔먼 같은 일련의 미술가들은 대중적 시각 문화에서 여성은 일상적이고 진부한 장면 속에 등장하며, 그런 여성상은 여성의 역할을 가치가 없는 것으로 생각하게 했다는 사실을 지적한다.

셔먼은 매릴린 먼로나 소피아 로렌과 같이 유명 여배우들이 출연한 여러 영화의 장면을 모아 스스로 영화 속의 여주인공으로 분장한 연출 사진을 찍었다. 그가 만들어낸 이 작품들에서 여성 캐릭터들은 수동적이기도 하고, 매혹적이지만 불안정함과 모순을 드러내거나, 음지에서 꿈을 가지고 자신을 변화시킬 수 있는 사건을 기다리는 등 다양한 모습으로 나타난다. 셔먼은 이러한 작품들에서 여성이나 사회에 대한 자신의 시각을 주장하기보다 관람자에게 해석을 맡기고 있다.

바버라 크루거는 대중 잡지 등에 실린 흑백사진 이미지를 잘라내 확대하고, 여기에 공격적으로 보이는 빨간색의 간략한 단어나 문자를 결합하는 강렬한 작품으로 사회 제도적 권력에 도전했다. 크루거는 특히 언어가 여성에 대한 사회적 불평등과 문화적 고정관념을 만들어내는 데 부정적인 역할을 했다고 보았다. 그는 흔히 '여성적'이란 단어는 모성, 감성적이거나 순진함을, '남성적'은 리더십, 주도적이고 씩씩함을 의미하는 것으로 인식되어 여성에 대한 근본적인 편견을 조장한다고 비판했다. 여성의 정체성은 어려서부터

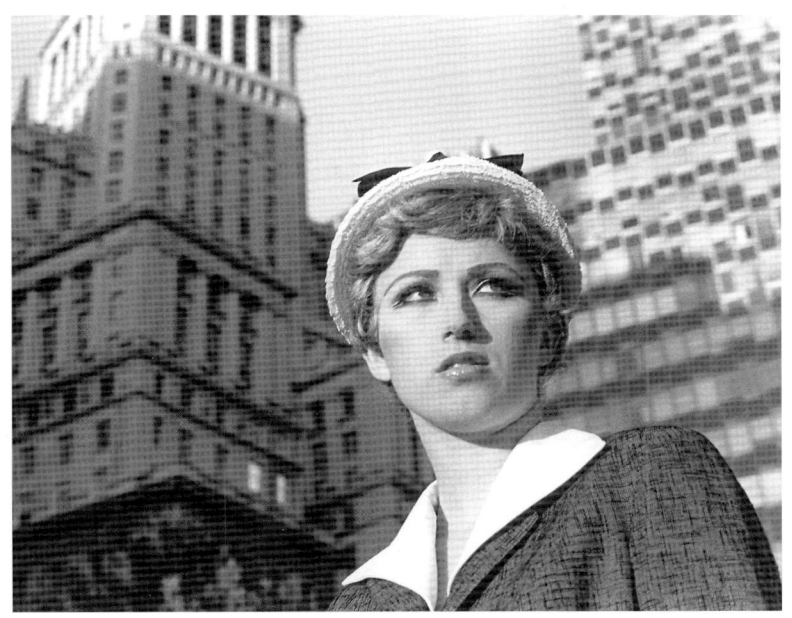

신디 셔먼, 〈무제 필름 스틸#21〉, 1978년

집, 학교, 또는 사회에서 만들어졌다는 것이다. 이들 여성 미술 작가의 작품은 이때까지 당연하게 여기던 성 정체성을 새롭게 바라보고 사회의식을 변화시키고자 했다. 여성 미술이 태동한 1970년대와 2020년대인 오늘날을 비교해보면 사회 곳곳에서 여성에 대한 인식이 변화했음을 확인한다. 여성 미술이 어느 정도 성과를 이루었다고 볼 수 있다.

미술과 과학의 융합

미래 미술에 큰 변화를 불러올 것으로 보이는 분야는 '뉴 미디어 아트New Media Art'다. 오늘날처럼 다양한 오락 문화가 없던 1950년대와 1960년대에 미디어의 대표적인 기술이었던 TV는 방송국이 중심이 되어 시사 프로그램이나 오락 프로그램을 편성했고, 수신자는 그들이 제공하는 프로그램을 보는 수밖에 없었다. 한국 태생으로 미국에서 활약하던 백남준은 이 전자 매체의 예술적인 가능성을 탐구한 작가였다. 1963년 그는 TV 모니터 외부에 자석을 매달고 움직여 회로가 변경되게 했다. 화면의 이미지가 일방적으로 결정되는 것이 아니라 수신자의 조작에 따라 뒤틀리고 변할 수 있게 쌍방향 시도를 한 것이다. 1965년 그는 교황 바오로 6세의 뉴욕 방문 모습을 택시 안에서 당시 새로 출시된 휴대용 비디오카메라인 소니 포타팩portapak으로 촬영하고 몇 시간 뒤 뉴욕의 한 카페에서 틀었는데, 이것이 최초의 비디오 아트였다. 백남준에게 TV는 동서의 구분을 뛰어넘는 일종의 세계어였다. 그는 TV를, 국경을 초월해 지구의 구석구석을 연결하는 예술 매체로 보았다.

백남준의 첫 비디오 작품 이후 60여 년이 흘렀고, 기술은 눈부시게 발전했다. 휴대전화나 유튜브 등의 영상은 사람들의 일상에 없어서는 안 되는 매체가 되었다. 미술가들은 하루가 다르게 개발되는 새로운 기술들을 이용한다. 이처럼 기술이나 재료의 혁신은 시각 미술의 결정적인 요소가 되기도 한다. 르네상스 시대에 유화 물감이 발명되면서 미술가들이 작업 과정이 힘들었던 프레스코나 템페라에서 벗어나 완전히 새로운 시도를 전개하게 되었던 것과 비슷한 맥락이다.

뉴 미디어 아트는 기본적으로 미술과 과학의 융합이다. 뉴 미디어 아트에는 싱글 비디오 아트, 웹 아트, 비디오, 컴퓨터 애니메이션, 게임 엔진, 영상과 텍스트, 그리고 작품을 조작할 수 있는 환경이 되는 쌍방향 미디어, 음향이 복합된 멀티미디어, 그리고 최근의 인공지능을 이용한 영상 등 일반인에게는 그 구분조차 명확하지 않은 여러 방법이 사용된다. 처음에는 '테크놀로지 미술'로도 불린 이런 작업은 다양한 멀티미디어가 이용됨에 따라 개념이 확장되면서 최근에는 포괄적인 의미를 나타내는 '뉴 미디어 아트'라는 용어가 더 많이 사용되고 있다.

뉴 미디어 아트에서는 기존의 미술에서 불가능했던 경험을 제공한다. 알고리즘이나 인공지능을 사용한 작품은 고정되지 않고 실시간 변형되거나 새롭게 생성된다. 또 회화나 조각과 같은 물리적 형태를 띠는 것이 아니기 때문에 파일로 저장, 복제, 전송이 가능하다. 뉴 미디어 아트는 관객을 작품에 적극적으로 개입하게 하거나 감각적이고 몰입하는 경험을 제공하기도 한다. 이렇게 새로운 방식의 제작, 감상, 소통이 제시되면서 미술사학자들은 인공지능이나 멀티미디어 미술을 어떻게 가르쳐야 하는지 고민 중이다. 이를테면 동영상 형태의 작품은 전통적인 책으로는 소개하기가 어렵고, 기술이 매우 빠르게 발전하고 변화하면서 새로운 전문 장비를 지속적으로 갖추어야 교육이 가능하기 때문이다.

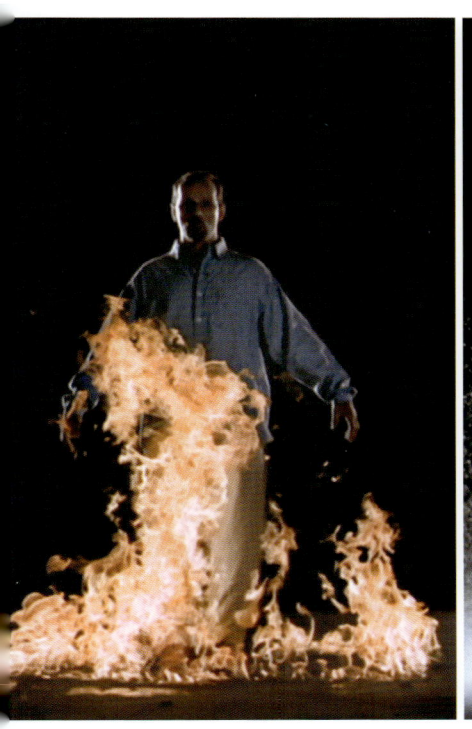
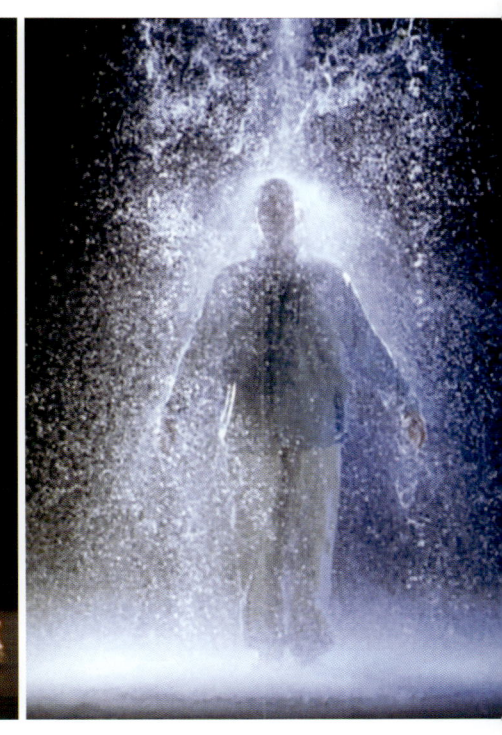

빌 비올라, 〈더 크로싱The Crossing〉, 1996년

뉴 미디어 아트의 선구적인 미술가인 빌 비올라의 영상 작품도 글로 설명하기에는 한계가 있다. 1970년대부터 비디오 아트를 제작하기 시작한 비올라는 테크놀로지를 이용하지만 매우 종교적이면서 철학적인 주제를 다룬다. 1996년에 제작한 〈더 크로싱The Crossing〉은 대형 스크린 두 개로 이루어져 있는데, 각각 물과 불이라는 주제를 다룬다. 한 화면에서는 어떤 인물이 정면을 응시하며 걸어오다 갑자기 불꽃에 휩싸이면서 결국은 사라져버리고 어두움만 남는다. 다른 화면에서는 걸어오던 인물이 이번에는 위에서 물줄기가 강하게 쏟아지면서 역시 사라지고 물결 소리와 빈 화면만이 남는다. 그의 작품은 느리게 전개되지만 움직임이나 물이 쏟아지거나 불이 타오르는 소리 등을 관객이 생생하게 느끼고 몰입하게 만든다. 물과 불이라는 주제는 삶과 죽음, 재생과 파괴, 희생과 정화를 상징하며 인간 존재의 덧없음을 상징하는 초월적인 경험을 하게 한다.

미술관을 나와 사회로

글로벌한 미술 세계에서 보이는 주목할 만한 특징은 미술가가 문화적, 사회적, 정치적 이슈에 대해 의견을 제시하는 사회 논객이나 사회운동가의 역할을 한다는 점이다. 미술의 주제도 문화 이동, 기후변화, 경제적 불평등, 난민 위기, 이민자, 원주민, 생태학, 에이즈와 같은 질병 등 전 세계적으로 보편화된 이슈를 거리낌 없이 다룬다. 설치미술Installation Art 은 이러한 20세기 후반 이후의 변화를 다루는 데 적합한 장르다. 미술 시장이 점점 상업화하면서, 일부 예술가들은 상업적 가치에 반발하고 비물질적이거나 경험 중심적인 설치 미술을 통해 표현하려 하기 때문이다. 전시 장소는 화랑이나 미술관에 국한하지 않고 지하철역, 공원, 공장, 등 특정 건물의 실내나 야외 공간이 될 수도 있다. 이때 중요한 것은 장소의 성격과 물리적 특징을 어떻게 해석하는가와 특정 공간과 관람객의 경험 등의 앙상블이다.

2012년에 제작된 한국의 미술가 서도호의 〈떨어진 별〉은 캘리포니아 주립대 샌디에이고 캠퍼스의 콘크리트 건물 꼭대기에 설치된 작품이다. 이 집은 그가 유학하면서 살았던 미국 로드아일랜드의 옛집인데, 마치 태풍을 타고 날아와 엉뚱하게 샌디에이고 캠퍼스의 한 건물 위에 떨어져 비스듬히 박힌 것 같다. 실제 크기 4분의 3으로 구현된 집 안에는 가구들이 놓여 있는데, 바닥이 약 5도 기울어져 있어 그

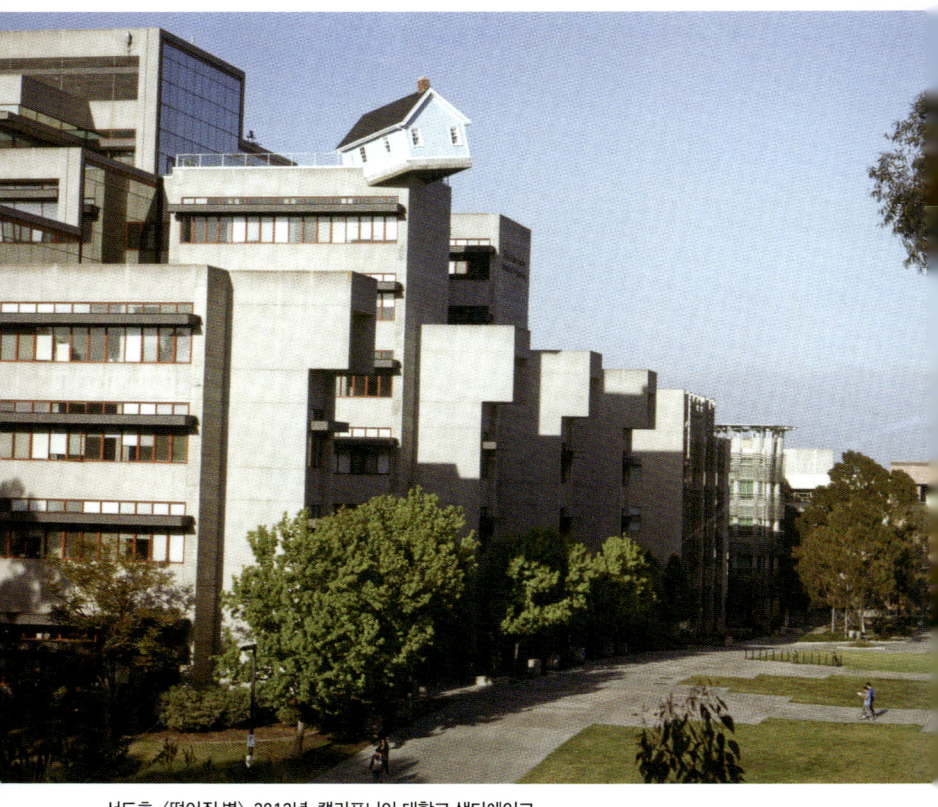

서도호, 〈떨어진 별〉, 2012년, 캘리포니아 대학교 샌디에이고

안에서 관람자는 처음에는 중심 잡기가 쉽지 않다. 서도호는 자신이 자랐던 서울의 한옥, 로드아일랜드의 19세기 양식의 집, 뉴욕의 아파트 등으로 이사 다니면서 느낀 경험을 마치 하늘에서 새로운 땅에 떨어진 것과 같은 맥락으로 보았다. 서도호는 이러한 문화 이동은 충격이 아니라 서로 다른 문화가 섞이면서 조정되고 순응하는 부드러운 착륙soft landing이라고 말한다. 글로벌한 세계에서 사람들의 이동이 잦아지면서, 작가는 어느 한 공간에 속박되는 정체성에서 벗어나 이동하면서 어느 공간에도 존재할 수 있는 '사이'의 정체성을 표현하고 있다. 〈떨어진 별〉은 공간, 시간, 기억이 서로 교차하는 지점이다.

사회적인 메시지를 적극적으로 내는 미술가로는 중국 출신의 아이웨이웨이를 들 수 있다. 그는 조각, 설치, 사진, 영화 등 다양한 매체를 통해 인권과 검열, 사회적 억압과 정의에 대한 작품 제작을 계속하고 있다. 2016년에 그는 베를린 콘체르트하우스 정문 기둥에 약 1만 4,000개의 난민 구명조끼로 기둥을 감싸는 〈안전한 이동〉 작업을 설치했다. 이 조끼들은 시리아와 이라크에서 탈출해 유럽으로 가려는 난민들이 대규모 난민 수용소가 있는 그리스의 레스보스섬에

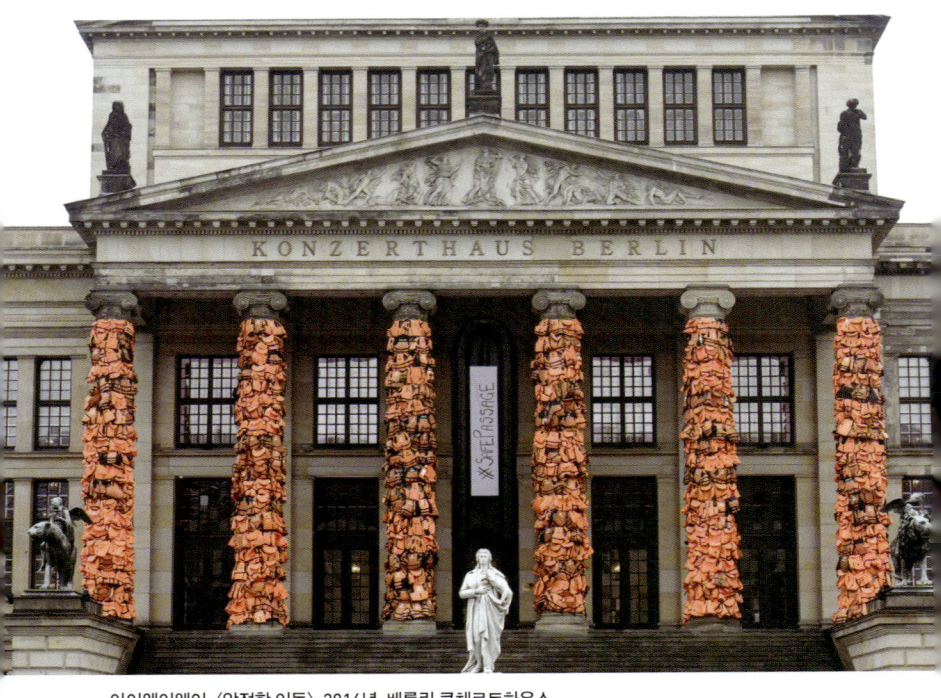

아이웨이웨이, 〈안전한 이동〉, 2016년, 베를린 콘체르트하우스

도착한 후에 버린 것들이다. 이들 난민의 난관과 어려움은 바로 그해 1월에 난민선이 침몰해 39명 이상이 익사한 사건이 세계 언론에 크게 보도되면서 주목을 받았다. 아이 웨이웨이는 직접 레스보스섬을 찾아가기도 했다고 하는데, 이 작품을 통해 국제 사회의 관심을 끌고 인간적인 연대를 촉구하고자 하는 목소리를 낸 것이다. 그는 중국의 검열과 표현의 자유에 대한 억압을 블로그 등을 통해 고발하기도 했고, 이로 말미암아 당국에 의해 억류당하기도 하면서 예술가이자 사회운동가의 역할을 수행하고 있다.

2.
미술품 수집과 미술관

최근 언론 매체나 소셜 미디어에서 미술에 대한 글이나 해설이 어느 때보다도 많이 소비되고 있다. 미술 전시에 관한 관심도 부쩍 늘었다. 블록버스터 전시에는 사람들이 줄을 길게 서 한 시간 이상 기다린 후 관람하기도 한다. 관람객이 많지 않아 고즈넉하게 작품 감상을 할 수 있었던 시절이 그리울 정도다. 이 현상은 무엇을 의미하는 것일까? 전시장을 찾는 이유는 다양하다. 아름다운 작품에서 즐거움을 느낄 수도 있고, 작품 속에서 미술가들의 고난과 희망 그리고 그들이 살았던 삶과 시대를 발견할 수도 있다. 어떤 이유에서든지 미술관이나 전시장의 경험은 미술 감상이 시작되는 곳이다.

미술품 투자와 수집의 역사

전시장을 다니는 사람들이 늘어남에 따라 작품을 소장하고
자 하는 사람들도 늘어나는 것 같다. 한때 예술의전당에서
는 매년 '김 과장 미술관 가는 날'이라는 콘셉트로 아트페어
가 열렸다. 이 아트페어는 샐러리맨을 대표하는 '김 과장'을
제목에 내세워 과장 명함을 제시하는 관람객뿐 아니라 동반
가족까지 무료 입장을 허용했다. 그림의 가격은 싼 작품에
서 아주 비싼 작품까지 다양했다. 이 행사가 기억에 남는 이
유는, 작품을 집에 걸어놓고 보고 싶다는 이유 이외에 지금
은 이름이 그다지 알려지지 않은 작가의 작품을 사두면 나
중에 가격이 오르지 않겠느냐는 희망을 품은 사람들이 의외
로 많았기 때문이다. 미술품 구매를 투자로 보는 경우다.

미술품을 사는 것은 좋은 일이기는 하지만 전문 지식 없
이 투자 목적으로 미술품을 수집하면 낭패를 겪을 수 있다.
일단 사두었다가 가격이 올라가면 다시 팔아 이익을 얻을
수도 있지만, 시장이 폭락하면 훨씬 싸게 되팔아야 하는 경
우도 생긴다. 유명 작가라도 성의 없이 그린 작품도 있고 위
작 가능성도 있을 수 있으므로 작품을 잘 알아야 한다. 미술
시장의 동향은 미술가에게도 영향을 미칠 수 있다. 경제적

인 유혹을 못 이기고 새로운 시도를 하기보다는 잘 팔리는 작품만 계속 제작하게 되기도 하기 때문이다. 무엇보다 미술 시장이 열기를 띠고 작품 가격이 계속 오르면 자체 예산으로 사기 어려운 미술관은 타격을 받게 된다.

미술품이 투자와 투기를 목적으로 하는 경제 영역에 들어가게 된 것은 1980년대 이후 세계경제가 호황을 누리면서였다. 미술 시장이 과열되고 소위 유명 작가의 작품은 부르는 게 값일 정도로 오르기 시작했다. 미술품 가격이 형성되는 배경에는 여러 요인이 있겠지만, 우선 그 이전의 경매 가격, 작가의 대중매체 인터뷰, 미술계 내부의 상황 등 여러 가지 외에 미술계에서 떠도는 소문도 중요하다.

그렇다면 미술품 수집은 역사적으로 어떻게 시작되었을까? 아름답거나 진기한 것에 대한 호기심과 소유욕은 고대에서부터 있었다. 이집트의 파라오들은 대부분 사치스럽고 훌륭한 공예품을 가지고 있었다. 어떤 파라오는 지팡이만을 모았고, 푸른색의 동물만을 수집한 파라오도 있었다고 한다. 고대 그리스 신전에는 봉헌물 등 귀중한 물건을 보관하는 보물 창고가 있었고 그 속에 금, 상아, 청동뿐 아니라 전쟁에 이겨 적국에서 가져온 전리품들을 모아서 기록해 두었다. 알렉산드로스 대왕 때에는 많은 귀중한 물건이 동방, 특히 페르시아에서 왔다고 한다.

로마 시대부터 개인의 집이 커지고 화려해졌다. 로마인들은 부유하고 세련되고 사치스러웠다. 귀족들은 집에 긴 복도를 만들어 그림을 거는 공간으로 사용하기도 했고, 황제는 돈이 필요하면 자신의 미술품을 경매에 부치기도 했다. 로마인들은 특히 그리스 조각을 애호했다. 구하기 어려울 때는 진품을 모사한 작품을 만들어 소유했기 때문에 오늘날 남아 있는 그리스 조각에는 로마의 모사품이 상당히 많다.

가장 많은 예술 작품이나 진기한 물건들을 수집한 사람은 물론 통치자나 국가였다. 로마의 티투스 개선문에는 전쟁에서 승리하고 점령 지역에서 약탈한 전리품을 챙겨 귀환하는 병사들의 모습이 새겨져 있다. 로마의 황제들은 공공장소에서 전리품을 공개하고 승리를 자축함으로써 시민들을 통합하고 그들에게 국가에 대한 충성을 다짐하게 했다. 수집품들은 예술품뿐 아니라 가치 있거나 권력을 과시할 수 있는 물건 등 다양했다.

중세에는 성경이나 기도서와 같은 필사본이 다수 제작되었다. 이들은 유골함이나 종교적인 의미를 지니는 성인들의 유물, 성배 등과 함께 교회의 재산이기도 했다. 초기에는 수도원 지하에 소장품들을 모아두었으나 12세기 이후 도시가 커지고 도시 안 성당 세력이 수도원을 앞서면서 성당을 귀중한 회화와 조각들로 장식하기 시작했다.

개인의 수집이 유행하게 된 것은 르네상스부터였다. 중요한 수집가는 주로 군주나 귀족, 또는 은행업자나 상인이었다. 피렌체의 메디치 가문은 역대 가장 유명한 미술 수집가였다. 15세기 유럽에서 가장 큰 규모의 은행을 운영하면서 점차 정치적인 세력을 키웠던 메디치 가문은 대대로 수많은 미술가를 후원했다. 메디치의 미술 후원의 동기가 주로 고리대금업을 하던 은행 업무로 얻은 오명을 씻고자 재산을 사회에 환원하려는 것이었다고는 하지만, 그 후원은 피렌체를 문화와 예술의 중심에 설 수 있게 했다. 이렇게 수집된 메디치 소장품은 오늘날 우피치 미술관의 주요 컬렉션으로 남아 있다.

교황청이 있는 바티칸도 미술품을 많이 소장하고 있다. 가장 유명한 작품은 미켈란젤로가 그린 시스티나 성당의 천장화와 벽화다. 그런데 시스티나 성당에서는 작품 보존에 필수적인 항온항습의 환경을 유지하는 것이 쉽지 않았다.

미켈란젤로의 작품은 그린 지 거의 500년이 지난 1980년대에 처음으로 오염 물질을 제거했지만, 표면을 지나치게 닦아내 원래 그림의 물감층이 벗겨졌다는 비판도 받는다. 최근에는 될 수 있으면 작품에 손을 덜 대고 예방적인 차원을 강조하는 보수적인 관리 방향으로 가고 있다.

17세기부터 통치자나 귀족 외에도 권력과 부를 소유한 시민이나 다양한 직업의 사람들이 회화, 조각뿐 아니라 귀중하거나 진기한 물건들을 수집했고, 수집품들을 캐비닛cabinet 또는 쿤스트캄머kunstkammer로 불리는 장식장이 가득 찬 방에 전시해, 자신의 지식, 부유함과 취향을 자랑하곤 했다.

박물관의 탄생

일반 대중에게 미술품을 한자리에서 공개하는 공공 박물관이 등장한 것은 18세기 후반이었다. 대혁명 이후인 1792년, 프랑스 정부는 새로운 국가의 탄생을 기리는 의미에서 루브르 박물관을 설립했다. 왕실에서 몰수하고 귀족의 저택이나 교회에서 징발한 미술품, 그리고 군사 정복을 통해 점령지에서 수집한 작품이 루브르 박물관의 주요 소장품이 되었으며, 1793년 8월 10일에 루브르 박물관은 모든 사람에게 무료로 개방되었다. 이후 영국에서도 1823년 한스 슬론의 기증품을 중심으로 내셔널 갤러리를 설립했다. 유럽 각국에서 잇따라 박물관을 개관하면서 19세기에 박물관은 미술품으로 흘러넘치는 전성기를 누렸다. 처음에는 고고학이나 역사 관련 전시가 유행했으나 이후 미술품 전시가 주가 되었다. 이때 필요했던 학예직은 원작 진품 여부를 가려내고 연대를 추정하는 일을 할 수 있는 감정가들이었는데, 점점 더 과학적 감정이 요구되었다.

수집가와 박물관의 역사에 자랑스러운 순간만 있었던 것은 아니다. 미술품과 문화재에 대한 욕심에서 비롯된 불미스러운 역사도 있다. 그중 하나가 20세기 초 중국령 중앙아시아에서의 문화재 약탈과 훼손이다. 한때 동서 교역의 간선도로로 번영했으나 그후 방치되어 있던 이곳의 불교 유적과 벽화들이 마구 잘려 수집되었다. 당시 유출된 발굴품은 현재 약 30곳의 해외 박물관과 연구소 등에 흩어져 있다.

여러 경로로 수집된 유물과 작품으로 설립된 박물관은 자연사박물관, 고고학 박물관, 민속박물관, 미술 박물관 등으로 분류된다. 미술 박물관은 흔히 미술관으로 불려 박물관과 구별해야 한다고 생각하기도 하지만, 사실상 박물관museum의 하나다. 박물관은 시민을 계몽하고, 문명과 문화로 안내하고, 정신적이고 지성적인 교훈을 주는 공간이었다. 특히 미술 작품에는 인간을 도덕적, 윤리적, 감성적으로 변화시키는 힘이 있어 미술 감상을 통해 교양을 쌓고 지혜로운 인간이 될 수 있다고 믿었다. 박물관은 한편 시민들에게 공공장소에서 어떻게 행동하는지를 교육하는 곳이기도 했다. 박물관에 올 때는 옷을 제대로 차려 입어야 하고, 술에 취해서는 안으로 들어올 수 없으며, 뛰어다니거나 작품을 만지면 안 되었고, 작품 앞에서는 조용히, 순례하듯이 봐야 한다는 규칙이 있었다. 다시 말하면 박물관은 훌륭한 시민을 양성하기 위한 공간이었다.

19세기에 주로 국가 미술관들이 미술관 문화를 주도했다면 20세기 이후에는 개인이나 기업이 후원하는 사립 미술관이 들어서기 시작했다. 이들이 작품을 구입하는 경로는 주로 화랑이나 경매였고, 일부는 미술가 개인에게서 직접 구매하기도 했다. 20세기 초 몇몇 주요 수집가 중에는 러시아 태생의 세르게이 시추킨이 있었다. 그는 대대로 섬유업의 거상인 시추킨 가문에서 태어났다. 미술에 별 관심이 없

던 시추킨은 파리에서 미술품 컬렉터가 된 동생이 여러 화
상과 친하게 지내게 되면서 점차 미술에 흥미를 느끼게 되
었다. 곧 그는 모네, 드가, 마티스, 고갱, 피카소의 중요한 작
품들을 약 250점 소장하게 된다. 중요한 것은, 그가 당대에
살아 있는 화가들과 교류하고 그들의 작품을 샀다는 점이
다. 당시 이들 대부분은 파리에서 아직 인정받지 못하던 미
술가들이었다.

시추킨의 마티스 작품에 대한 애정은 유별났다. 그는 마
티스의 〈생의 기쁨〉을 보고 반해 마티스의 후원자가 되어
모두 38점의 작품을 샀다. 1911년, 그는 마티스와 모스크바
에 가서 자기 집에 걸 작품을 의뢰했는데, 이 과정에서 완성
된 〈춤〉 〈음악〉과 같은 작품은 후일 마티스의 작품 중 걸작
으로 평가받는다. 그는 가격과 작품 크기만 정하고 그 외 모
든 것은 마티스에게 맡겼고, 마티스가 붓을 놓고 물감이 마
르자마자 작품들은 바로 모스크바로 보내졌다고 한다. 이
후 시추킨은 피카소의 작품을 사기 시작해 1914년에는 약
50점을 소장하게 된다.

시추킨은 파리에서 산 작품들을 모스크바에 있는 자기 집
에 걸고 일요일마다 대중에 공개했다. 그의 컬렉션은 러시

아의 예술 애호가, 작가, 수집가 들 사이에 큰 반향을 일으켰으나 러시아가 1917년 볼셰비키 혁명으로 공산화되면서 그의 소장품은 1918년 모두 압수되었다. 작품들은 현재 푸시킨 미술관과 에르미타주 미술관에 소장되어 있다.

록펠러 재단과 MoMA

미국에서도 역시 19세기 후반부터 미술관이 붐을 일으키기 시작했다. 다만, 유럽과 같이 대대로 물려져 내려온 미술품이 많지 않아 소장품은 주로 기업가들의 기부로 이루어졌다. 보스턴이나 뉴욕, 시카고 등 주요 도시의 기업가들이 기부하면 미술관은 기부자들의 이름을 전시실에 붙여주었다. 미국에서 누구보다도 여러 대에 걸친 미술 후원으로 메디치에 비교될 만한 수집가는 록펠러 가문이다. 스탠더드 석유 회사를 창업한 존 데이비슨 록펠러 1세는 처음에는 악덕 자본가라는 이미지에서 벗어나기 위해 1913년에 록펠러 재단을 세우고 미술품 수집과 박애 사업을 시작했다. 이후 록펠러 2세와 그 자녀들까지 3대에 걸친 미술과 문화 후원이 미국 각 분야에 미친 영향은 대단한 것이었다.

록펠러 2세의 부인 애비는 안목이 탁월했다. 20세기 초

미국에서는 현대미술을 웃음거리 정도로 여기거나 그것에 적대적으로 반응했다. 뉴욕의 메트로폴리탄미술관은 현대미술은 소련의 볼셰비키 철학의 반영이라면서 소장하지 않기로 하는 치명적인 실수를 저질렀다. 미국에 변변한 현대미술관이 없다는 사실을 안타깝게 여긴 애비 록펠러는 미술 애호가 몇 명과 함께 1929년 뮤지엄 오브 모던 아트MoMA를 창립하는 데 중요한 역할을 했다. 애비의 적극적인 후원 아래 초대 관장이었던 미술사학자 앨프리드 바는 회화와 조각뿐 아니라 디자인, 사진, 영화, 건축 등 다양한 분야의 컬렉션을 시작함으로써 MoMA가 오늘날 굴지의 미술관으로 성장할 기초를 닦았다. 미국의 미술관들은 유럽 미술관들이 제2차 세계대전에 휩쓸리면서 미술품 구매가 어려울 때 유리한 상황이어서 인상주의 작품들과 그 이후 추상 작품들을 많이 사들일 수 있었고, 현재는 유럽 미술관보다 더 많이 소장하고 있다고 할 수 있다.

MoMA 같은 경우, 개인이 설립한 미술관이었지만 록펠러 가문의 이름을 앞세우지는 않았다. 최근에는 기업 브랜드 자체를 내세운 사립 미술관이 증가하고 있다. 파리의 루이뷔통 재단이 그 좋은 예다. 기업형 사립 미술관은 미술관

운영이 기업의 문화적 위상을 높여준다고 판단해 대개 재단을 통해 운영하고 있으며, 재단이 작품에 대한 통제권을 가진다. 사립 미술관의 또 다른 형태는 미술가 개인의 이름을 내세우는 경우다. 미국의 미니멀리스트 작가인 도널드 저드는 뉴욕과 텍사스에 자기 작품을 영구히 전시할 수 있는 전시장을 만들었고 현재는 도널드 저드 재단이 운영하고 있다. 한국에도 환기미술관, 김종영미술관, 박서보미술관 등 화가의 이름을 딴 사립 미술관이 운영되고 있다.

사립 미술관을 국립 미술관과 비교해보면 여러 장단점이 있다. 사립 미술관은 국립 미술관이 관료적이고 행정 절차가 복잡해 의사 결정이 느린 경우가 있는 것과는 달리 작품 구매가 신속하다. 나라에 따라서는 사립 미술관이 국립 미술관보다 예산이 풍족해 더 훌륭한 전시를 하기도 한다. 그러나 여러 분야의 풍부한 연구 인력을 갖춘 국립 미술관이 다양성과 포용성을 기반으로 미술사에 대한 폭넓은 지식을 관람객에게 제공할 수 있는 데 비해, 사립 미술관은 보존, 연구, 교육, 학예직 인력이 풍부하지 않아 걸맞은 역할이 제대로 이루어지지 않는 경우가 많다는 지적을 받기도 한다. 또 미술 시장의 큰손인 기업이나 기업 총수의 취향이 현대

미술 판도에 영향을 주고 권력화할 수도 있으며, 미술관 경영이 어렵게 되면 작품을 팔 수도 있어 지속 가능성에 문제가 생길 수 있다.

변화하는 미술관

우리가 미술관에 가는 이유는 무엇일까? 그것은 유명한 작품을 봤다는 사실을 '인증'하려고 가는 것이 아니다. 예전에는 별다른 감동을 주지 않던 작품이라도 자주 접하면서 작가나 작품에 대해 알아가면 새롭게 보이는 것이 생기게 마련이다. 마치 첫눈에 빠지는 사랑이 아니라 계속 만나면서 새롭게 발견하는 연인의 아름다움이나 성품에 깊숙이 빠지는 사랑과 같다. 미술관에 갈 때는 혼자 충분한 시간을 가지고 즐길 수도 있지만, 몇몇 친구와 함께 가보는 것도 권유하고 싶다. 작품에 관해 서로 이야기하며 각자의 반응을 공유하다보면 친구를 통해 자신이 미처 보지 못한 작품의 특성을 발견할 수도 있기 때문이다. 전시실에 간략한 설명문이 붙어 있는 경우도 많지만, 우선은 자신의 눈과 느낌을 믿고 관람해보는 것도 바람직하다. 그다음에 설명문이나 도록을 참고해 작품에 대한 자세한 정보와 미술사적 맥락을 짚어

보면 이해가 더 쉽게 될 것이다.

　미술관은 지난 몇십 년간 과거의 엘리트 문화 기관에서 벗어나 대중에게 가까이 다가가려 노력하면서 방문객이 몰리는 등 큰 변화가 있었다. 유명 미술관들은 공간이 부족해 증축이나 개축, 또는 신축하면서 건축과 디자인의 중요성이 새롭게 인식되었다. 미술관 건축 자체가 하나의 설치 작품인 듯 보이는 프랭크 게리의 빌바오 구겐하임이나 아이엠 페이가 건축한 루브르 박물관의 유리 피라미드 등은 관광 명소가 되었다. 한편 상업적 후원이 증가하면서 연대순 나열보다는 소위 블록버스터 전시나 스펙터클한 전시 기획이 늘어나는 추세다. 그러나 스펙터클한 전시는 관중을 모을 수는 있지만 미술의 본질을 외면한다는 의견도 만만치 않다. 온라인 전시도 유행이기는 하지만 직접적인 경험을 대체할 수는 없다. 이 모든 논의는 미술관이 복합 문화 기관으로 변하는 과정에서 제기되고 있다. 미래의 미술관이 바람직한 문화 기관으로 성공하기 위한 가능성을 보여주고 있는 셈이다.

　미술관의 정체성을 시대적 구분에서 찾았던 경향도 점차 허물어지고 있다. 국립중앙박물관이나 샌프란시스코 아시

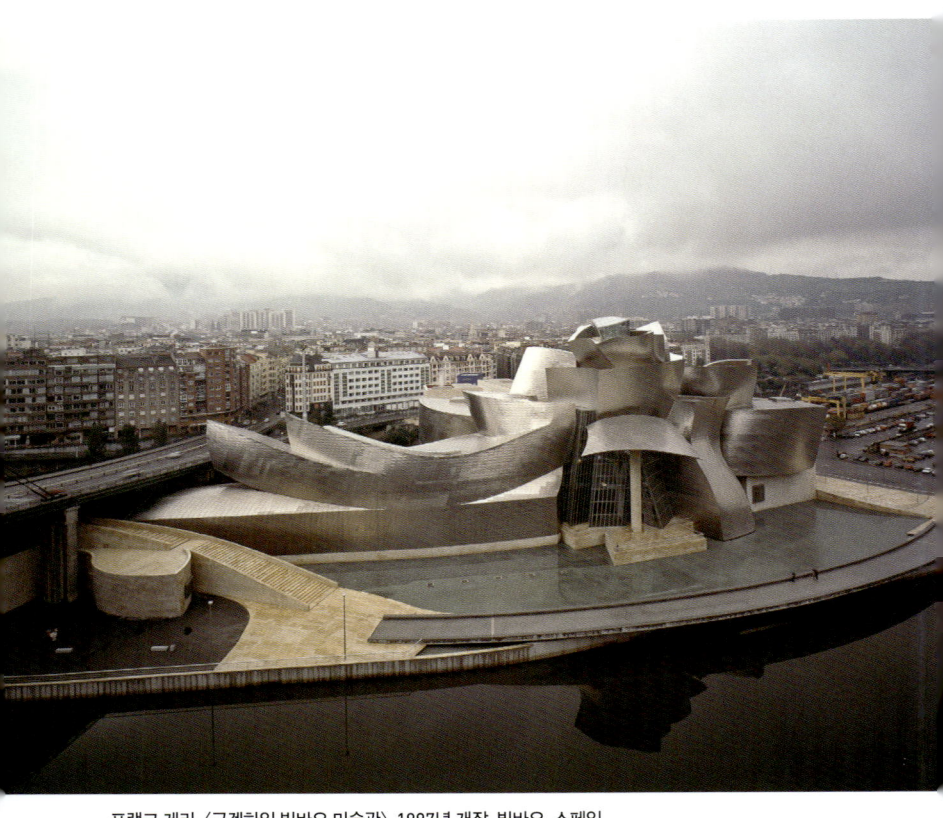

프랭크 게리, 〈구겐하임 빌바오 미술관〉, 1997년 개장, 빌바오, 스페인

아 미술관에서 서양미술 전시를 하고, 영국의 내셔널 갤러리와 루브르 박물관에서 현대미술 전시를 하는 것은 이러한 변화를 대변한다. 과거처럼 동서양, 기독교와 이슬람 문화, 고대와 현대 등을 구분하지 않고 기존의 고정관념에서 벗어나 경계를 허물고 새로운 이해를 하게 하는 융합의 흐름은 앞으로도 계속될 것 같다. 다양한 시각을 보이는 전시와 교육, 기능적인 전시실과 수장고 등을 갖추면서 미술관은 교양과 사색의 장소뿐더러 융합과 참여의 공간으로 거듭나 사회 변화의 중재자가 될 것으로 기대된다.

참고 문헌

김영나, 《미술작품 감상과 글쓰기》, (포항; 포스텍, 소통과 공론 연구소, 2020).

김영나, 《김영나의 서양미술사 100》, (효형, 2017).

김영나, 《1945년 이후 한국현대미술》, (미진사, 2020).

데이비드 핀, 《조각 감상의 길잡이》, 이지현 옮김 (시공사, 2004).

실반 바넷, 《미술품 분석과 서술의 기초》, 김리나 옮김 (시공사, 2006).

국립중앙박물관, 《거장의 시선–사람을 향하다. 영국 내셔널 갤러리 명화전》, 전시 도록, 2023.

1. 제임스 M. 휘슬러, 〈검은색과 황금색의 녹턴: 떨어지는 불꽃〉, 1875년경, 캔버스에 유채, 60.3×46.6cm, 디트로이트 인스티튜트 오브 아트 소장, 디트로이트

2. 〈알타미라 동굴 벽화〉, 기원전 1만 5000년경(구석기 시대), 암석 위에 안료, 스페인 북부

3. 〈조개 가면〉, 기원전 2500~기원전 2000년 추정(신석기 시대), 11cm, 부산 동삼동 패총 출토, 국립중앙박물관 소장

4. 존 컨스터블, 〈웨이머스만〉, 1816~1817년, 캔버스에 유채, 53×75cm, 내셔널 갤러리 소장, 런던

5. 니콜라 푸생, 〈포키온의 장례〉, 1648년, 캔버스에 유채, 117.5×178cm, 루브르 박물관 소장, 파리

6. 정선, 〈인왕제색도〉, 1751년, 종이에 먹(족자), 79.2×138cm, 이건희 컬렉션

7. 레오나르도 다빈치, 〈최후의 만찬〉, 1498년, 회벽에 템페라와 유채 혼합, 460×880cm, 산타 마리아 델레 그라치에 성당 소장, 밀라노

8. 빈센트 반 고흐, 〈별이 빛나는 밤〉, 1889년, 캔버스에 유채, 73.7×92.1cm, 뮤지엄 오브 모던 아트(MoMA) 소장, 뉴욕

9. 앙리 마티스, 〈빨간색의 하모니〉, 1908년, 캔버스에 유채, 180×220cm, 예르미타시 미술관 소장, 상트페테르부르크

10. 미켈란젤로 메리시 다 카라바조, 〈엠마오의 저녁 식사〉, 1601년, 캔버스에 유채, 141× 196.2cm, 내셔널 갤러리 소장, 런던

11. 렘브란트 판레인, 〈엠마오의 저녁 식사〉, 1648년, 나무판 위에 유채, 68×65cm, 루브르 박물관 소장, 파리

12. 〈크리티오스 소년상〉, 기원전 480년경, 대리석, 높이 117cm, 아크로폴리스 박물관 소장, 아테네

13. 미켈란젤로 부오나로티, 〈깨어나는 노예〉, 1520~1523년, 대리석, 높이 267cm, 아카데미아 미술관 소장, 피렌체

14. 콩스탕탱 브랑쿠시, 〈청년의 토르소〉, 1917년, 청동, 높이 48.2cm, 클리블랜드 미술관 소장, 클리블랜드

15. 알렉산더 콜더, 〈석류나무〉, 1949년, 설치, 197.2×183.5×107.3cm, 휘트니 미술관 소장, 뉴욕

16. 마르셀 뒤샹, 〈샘〉, 1917년, 레디메이드, 망실, 원본 사진 앨프리드 스티글리츠

17. 〈자금성〉, 1406~1420년, 청나라 때 개축, 약 72만m²(753×961m), 현 고궁박물원, 베이징

18. 윌리엄 손턴, 〈미국 국회의사당〉, 1793~1800년, 건축, 6만 7,000m², 미국 워싱턴 D.C. 소재

19. 르코르뷔지에, 〈노트르담 뒤 오 성당〉, 1955년 완공, 건축, 롱샹 소재, 프랑스

20. 〈청자 어룡형 주전자〉, 고려 11~12세기, 청자, 높이 24.4cm, 몸통 지름 13.5cm, 뚜껑 높이 5.3cm, 국립중앙박물관 소장

21. 데일 치훌리, 〈빅토리아 앤드 앨버트 박물관 로툰다 샹들리에〉, 2001년, 유리, 설치 작업, 빅토리아 앤드 앨버트 박물관 소장, 런던

22. 〈나르메르 팔레트〉, 기원전 3150~기원전 3125년, 실트 암, 64×42cm, 이집트 박물관 소장, 카이로

23. 〈함무라비 법전 비석〉, 기원전 1792~기원전 1750년, 현무암, 부조 높이 71.1cm, 전체 높이 2.13m, 루브르 박물관 소장, 파리

24. 〈마르쿠스 아우렐리우스 기마상〉, 161∼180년, 청동, 높이 3.5m, 카피톨리노 박물관 소장, 로마

25. 칼리크라테스와 익티노스, 〈파르테논 신전〉, 기원전 447∼기원전 432년, 건축, 높이 13.72m, 아크로폴리스 소재, 아테네

26. 〈샤르트르 대성당〉, 1134∼1220년, 건축, 샤르트르 소재, 프랑스

27. 기슬레베르투스, 〈최후의 심판〉, 1120∼1135년, 팀파눔 조각, 생라자르 대성당, 오튱 소재, 프랑스

28. 조토 디 본도네, 〈애도〉, 1305∼1306년, 프레스코, 200×185cm, 아레나 예배당 소장, 파도바, 이탈리아

29. 도나텔로, 〈성 게오르기우스〉, 1415∼1417년, 대리석, 높이 209cm, 국립 바르젤로 박물관 소장, 피렌체

30. 도나텔로, 〈성 게오르기우스와 용〉, 1415∼1417년, 대리석 부조, 39×120cm, 국립 바르젤로 박물관 소장, 피렌체

31. 라파엘로 산치오, 〈의자에 앉은 성모 마리아〉, 1514년, 패널에 유채, 71×71cm, 피티 궁전 소장, 피렌체

32. 얀 반 에이크, 〈성모와 재상 롤랭〉, 1435년, 패널에 유채, 66×62cm, 루브르 박물관 소장, 파리

33. 페테르 파울 루벤스, 〈마리 드 메디치의 마르세유 상륙〉, 1622∼1623년, 캔버스에 유채, 394×295cm, 루브르 박물관 소장, 파리

34. 잔 로렌초 베르니니, 〈성녀 테레사의 황홀감〉, 1647∼1652년, 대리석, 실제 인물 크기, 산타 마리아 델라 비토리아 성당, 로마

35. 요하네스 페르메이르, 〈물 주전자를 쥐고 있는 여인〉, 1660∼1662년, 캔버스에 유채, 45.7×40.6cm, 메트로폴리탄 미술관 소장, 뉴욕

36. 프랑수아 부셰, 〈목욕 후의 디아나 여신〉, 1742년, 캔버스에 유채, 57×73cm, 루브르 박물관 소장, 파리

37. 외젠 들라크루아, 〈민중을 이끄는 자유〉, 1830년, 캔버스에 유채, 260×325cm, 루브르 박물관 소장, 파리

38. 에두아르 마네, 〈카페 콩세르의 한구석〉, 1878∼1880년, 캔버스에 유채, 97.1×77.5cm, 내 셔널 갤러리 소장, 런던

39. 클로드 모네, 〈오른쪽을 향하고 양산을 쓴 여인〉, 1886년, 캔버스에 유채, 181×88cm, 오 르세 미술관 소장, 파리

40. 파블로 피카소, 〈곡예사〉, 1915년, 캔버스에 유채, 183.5×105.1cm, 뮤지엄 오브 모던 아 트(MoMA) 소장, 뉴욕

41. 피에트 몬드리안, 〈빨강, 파랑, 노랑의 구성〉, 1937∼1942년, 캔버스에 유채, 60.3× 55.4cm, 뮤지엄 오브 모던 아트(MoMA) 소장, 뉴욕

42. 막스 에른스트, 〈두 아이가 밤꾀고리에게 위협당하다〉, 1924년, 캔버스에 유채 · 나무 콜라 주, 69.8×57.1×11.4cm, 뮤지엄 오브 모던 아트(MoMA) 소장, 뉴욕

43. 앤디 워홀, 〈매릴린 두 폭〉, 1962년, 실크스크린, 205.4×289.6cm, 테이트 모던 미술관 소 장, 런던

44. 〈비비하눔 모스크〉, 1404년 완공, 건축, 사마르칸트, 우즈베키스탄, 사진: Yulia—B, Shutterstock, 2017

45. 〈윈강석굴〉, 460∼494년, 석굴 조각, 다퉁, 산시성, 중국

46. 장제두안, 〈청명상하도〉 부분도, 1120년경, 두루마리 그림, 전체 528×24.8cm, 고궁박물 원 소장, 베이징

47. 〈킨카쿠지〉, 1397년, 건축, 교토

48. 가쓰시카 호쿠사이, 〈가나가와 해변의 높은 파도 아래〉, 1831년경, 에도, 다색 목판화, 25×37.1cm, 호놀룰루 미술관 소장, 호놀룰루

49. 디에고 리베라, 〈인간의 통제를 받는 자연의 힘과 해방된 땅〉, 1926년, 벽화, 598×692cm, 차핑고 자치대학, 차핑고, 사진: 알레한드로(Alejandro)

50. 〈수호자 상〉(코타족 유골함 상), 20세기 초, 나무 위에 구리 · 황동 장식, 가봉, 케 브랑리 박 물관 소장, 파리

51. 신디 셔먼, 〈무제 필름 스틸#21〉, 1978년, 젤라틴 실버 프린트 사진, 20.3 x 25.4 cm, 뮤지 엄 오브 모던 아트(MoMA) 소장, 뉴욕

52. 빌 비올라, 〈더 크로싱The Crossing〉, 1996년, 2채널 컬러 비디오 설치, 4채널 증폭 스테레오 사운드, 4개의 스피커, 4.01x2.86m(영상 크기), 10분 57초(러닝타임), 퍼포머: 필 에스포지토(Phil Esposito), 구겐하임 미술관 소장

53. 서도호, 〈떨어진 별〉, 2012년, 혼합 매체 설치, 78×96×38m, 캘리포니아 대학교 샌디에이고

54. 아이웨이웨이, 〈안전한 이동〉, 2016년, 설치 작업, 베를린 콘체르트하우스 소재, 베를린, 아이웨이웨이 스튜디오(Ai Weiwei Studio) 제공

55. 프랭크 게리, 〈구겐하임 빌바오 미술관〉, 1997년 개장, 건축, 빌바오 스페인, 사진: Naotake Murayama from San Francisco, Solomon R. Guggenheim